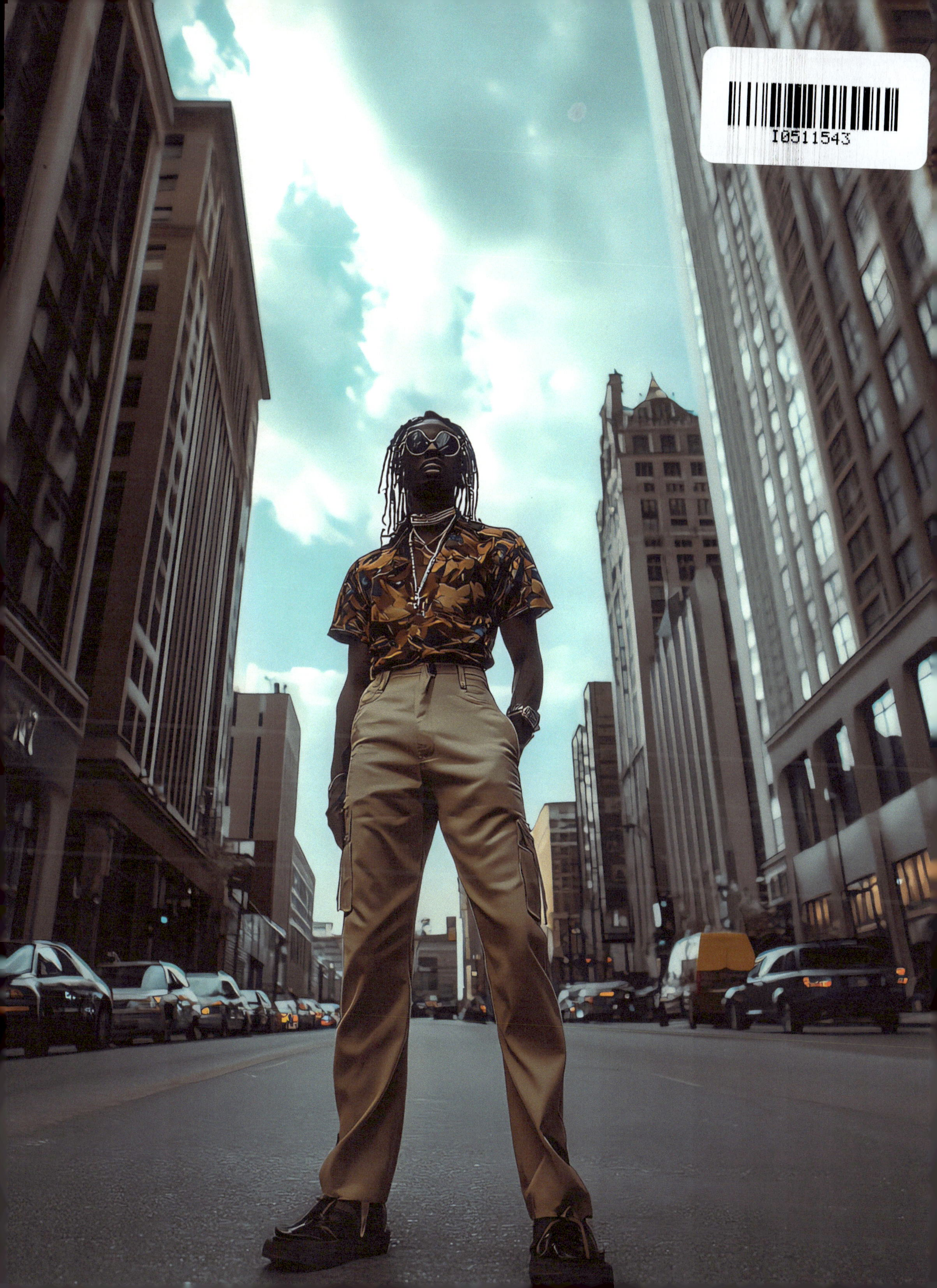

I0511543

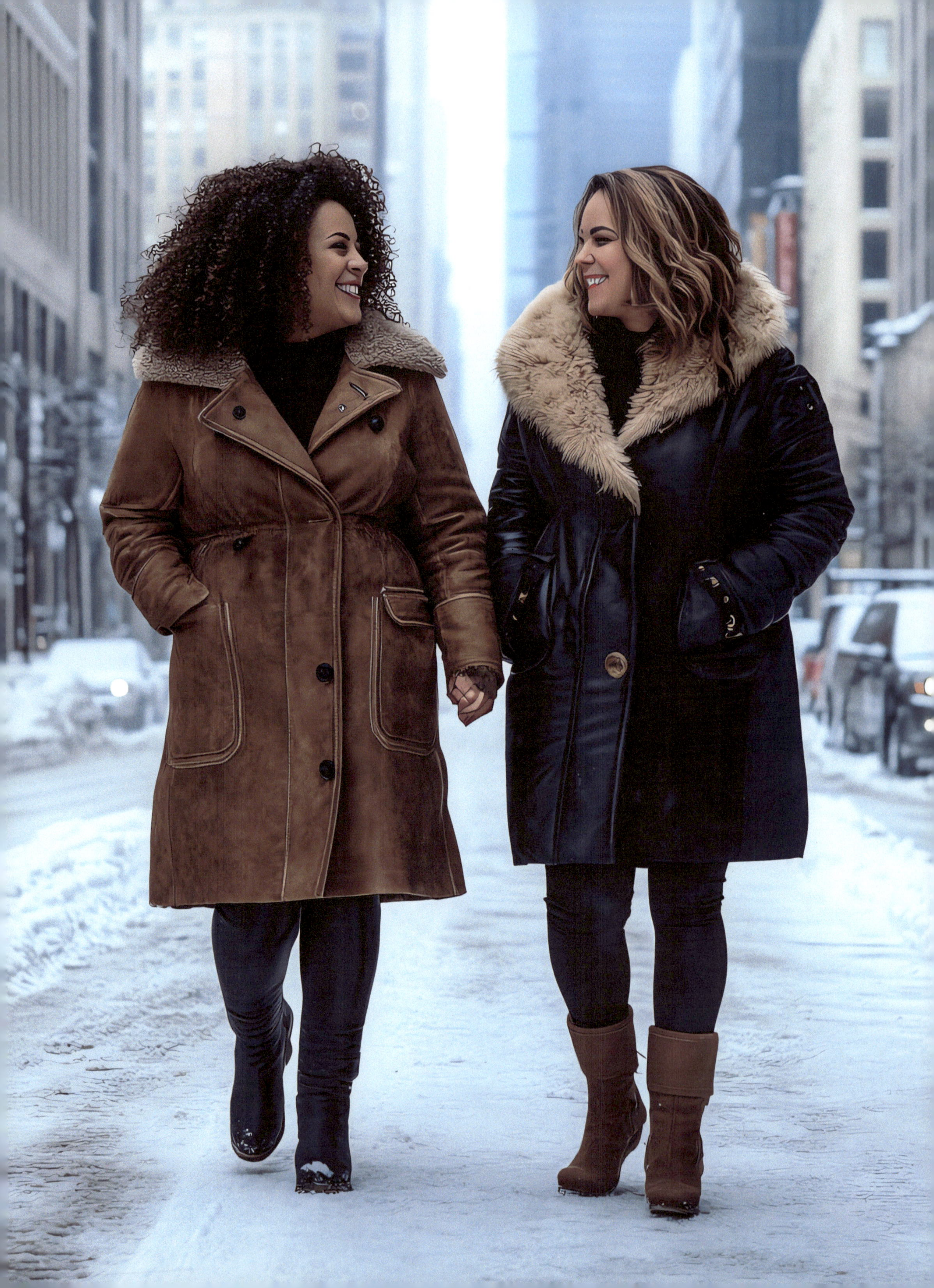

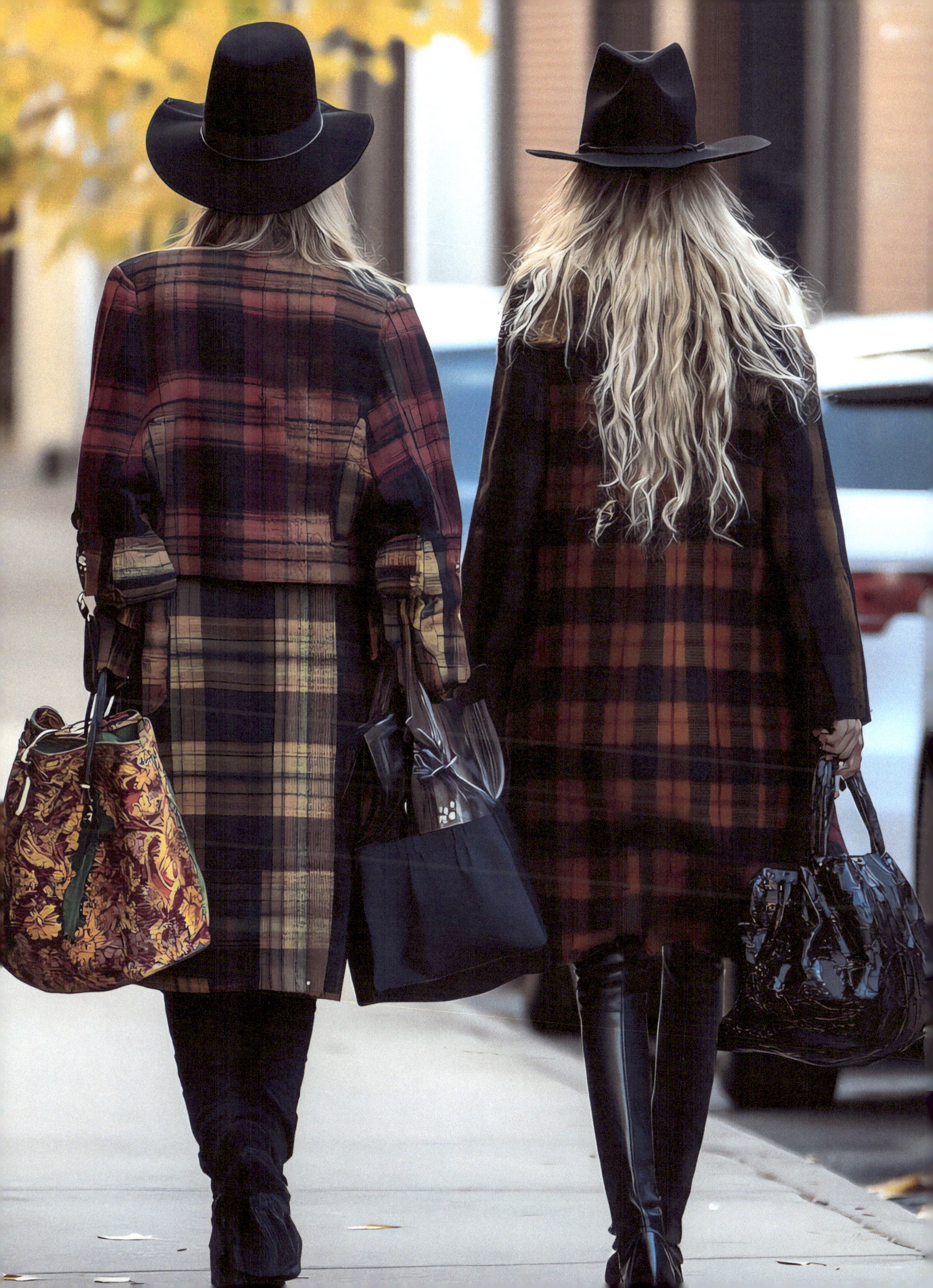

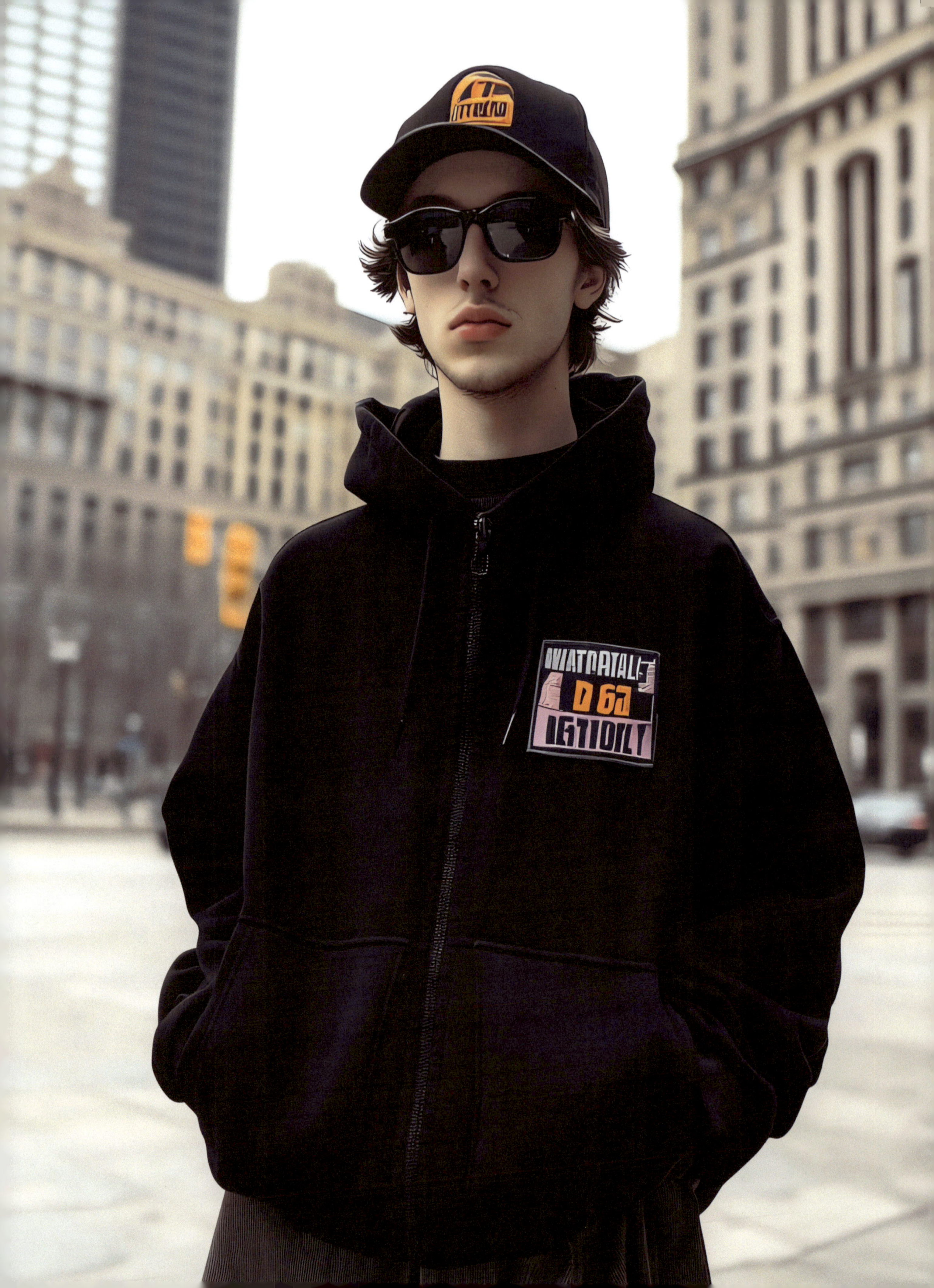

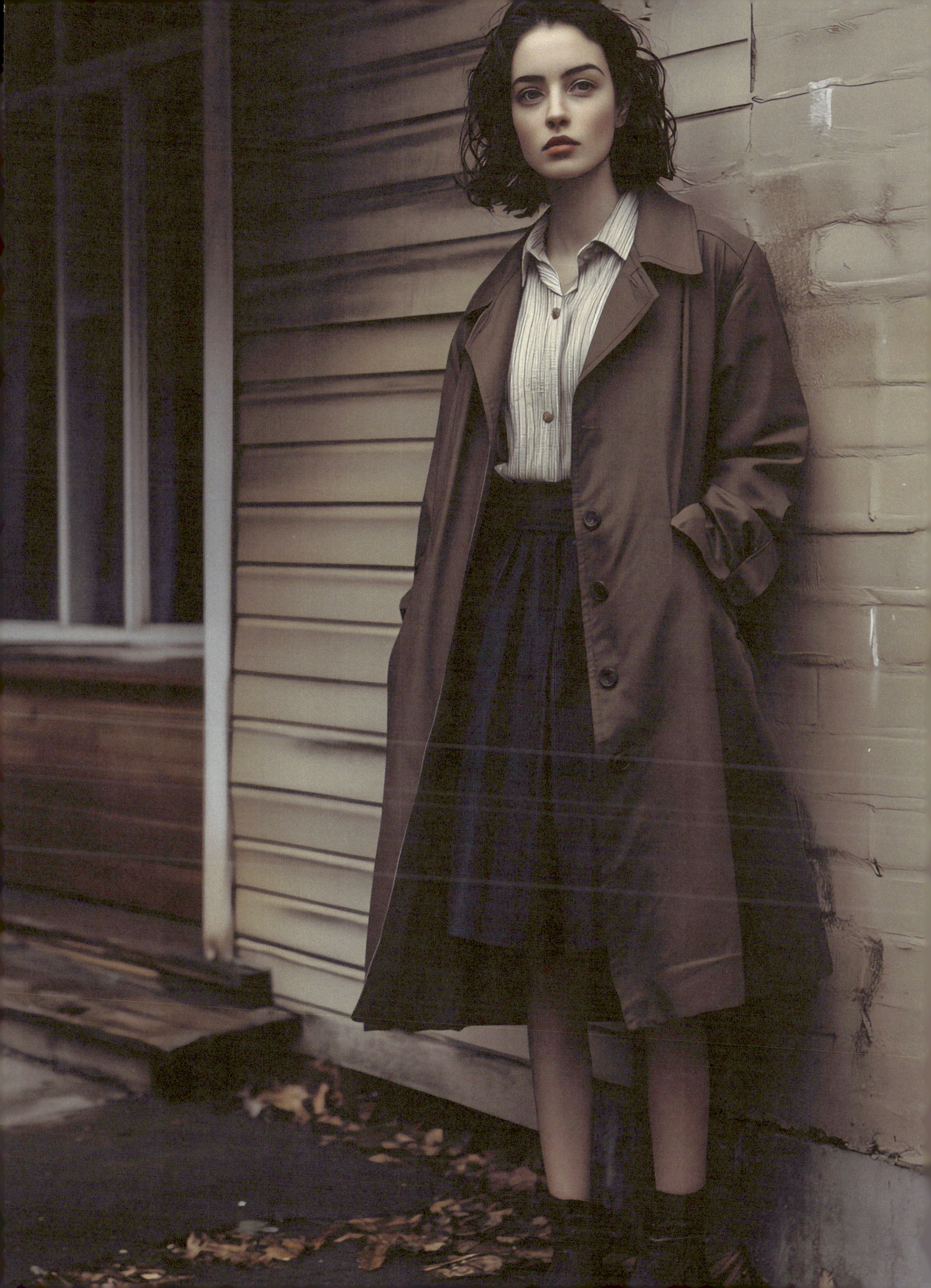

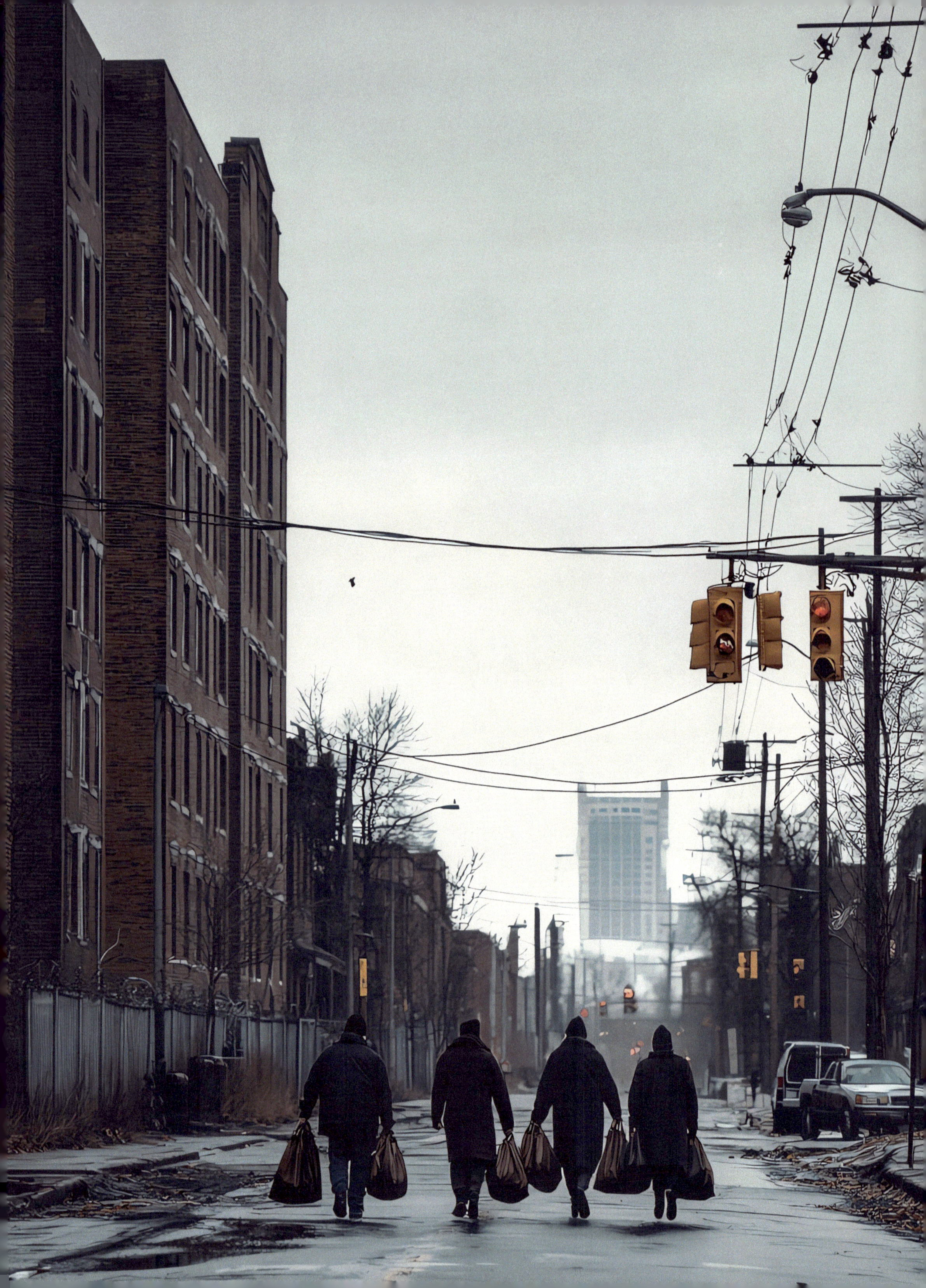

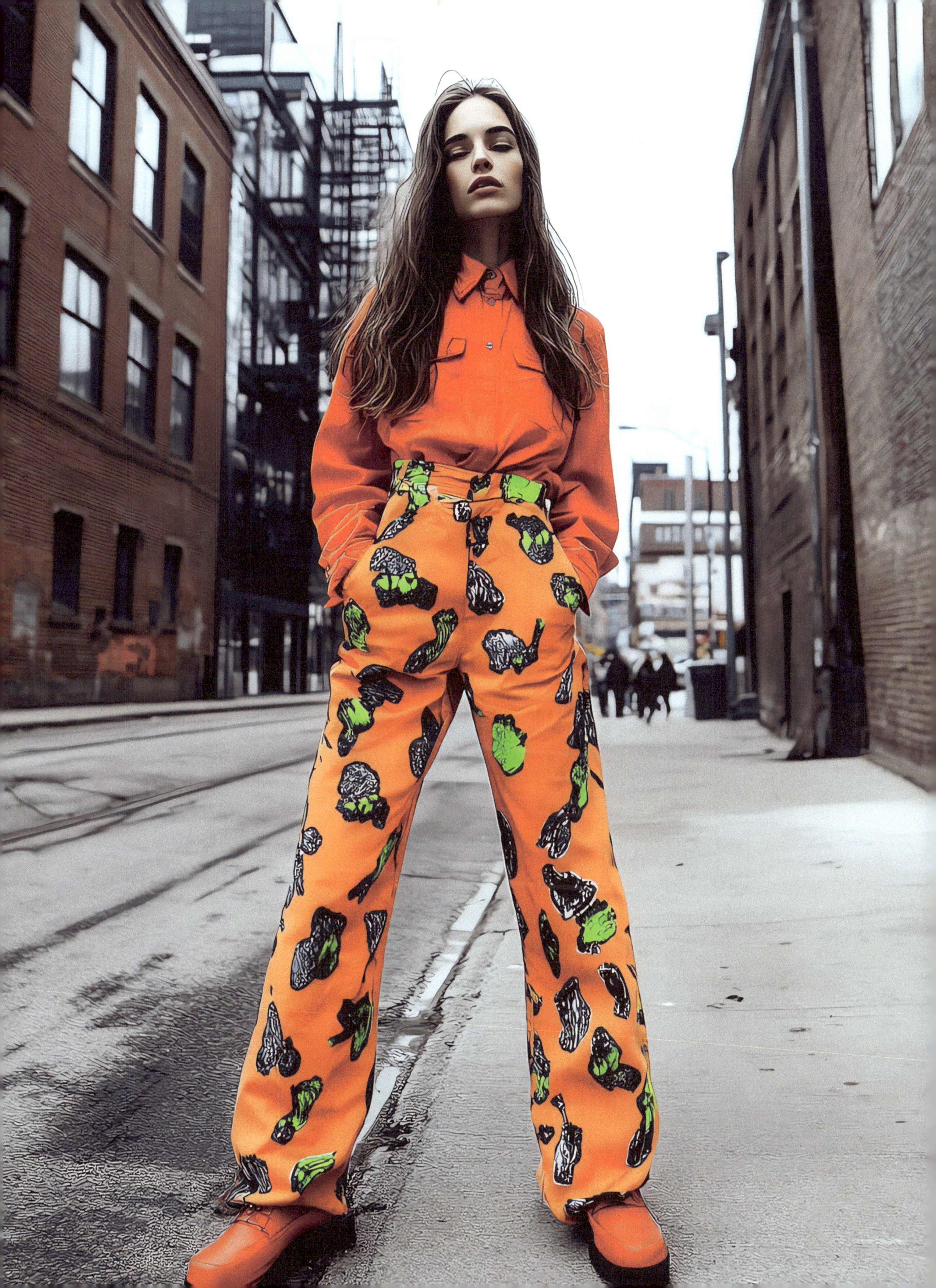

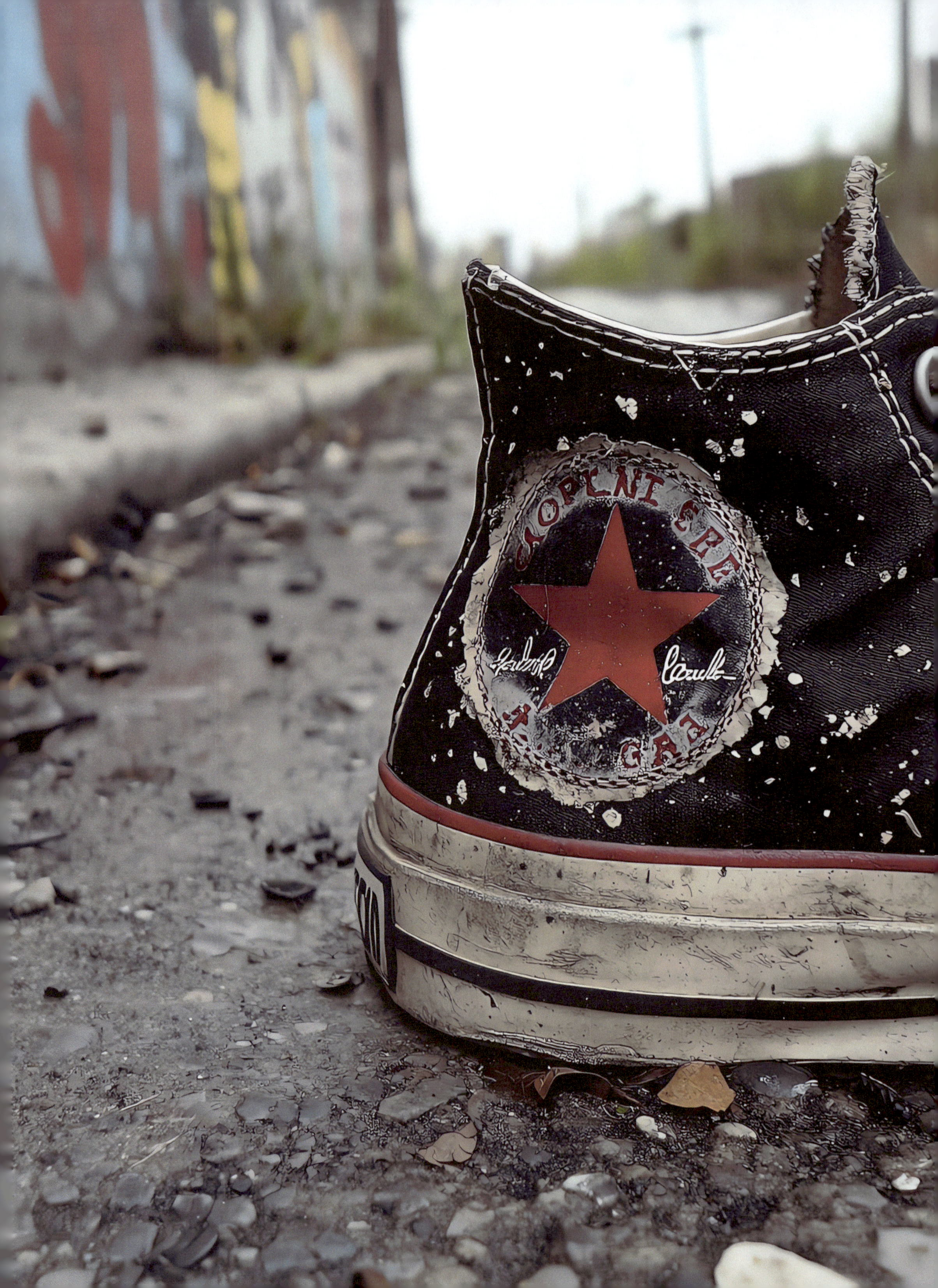

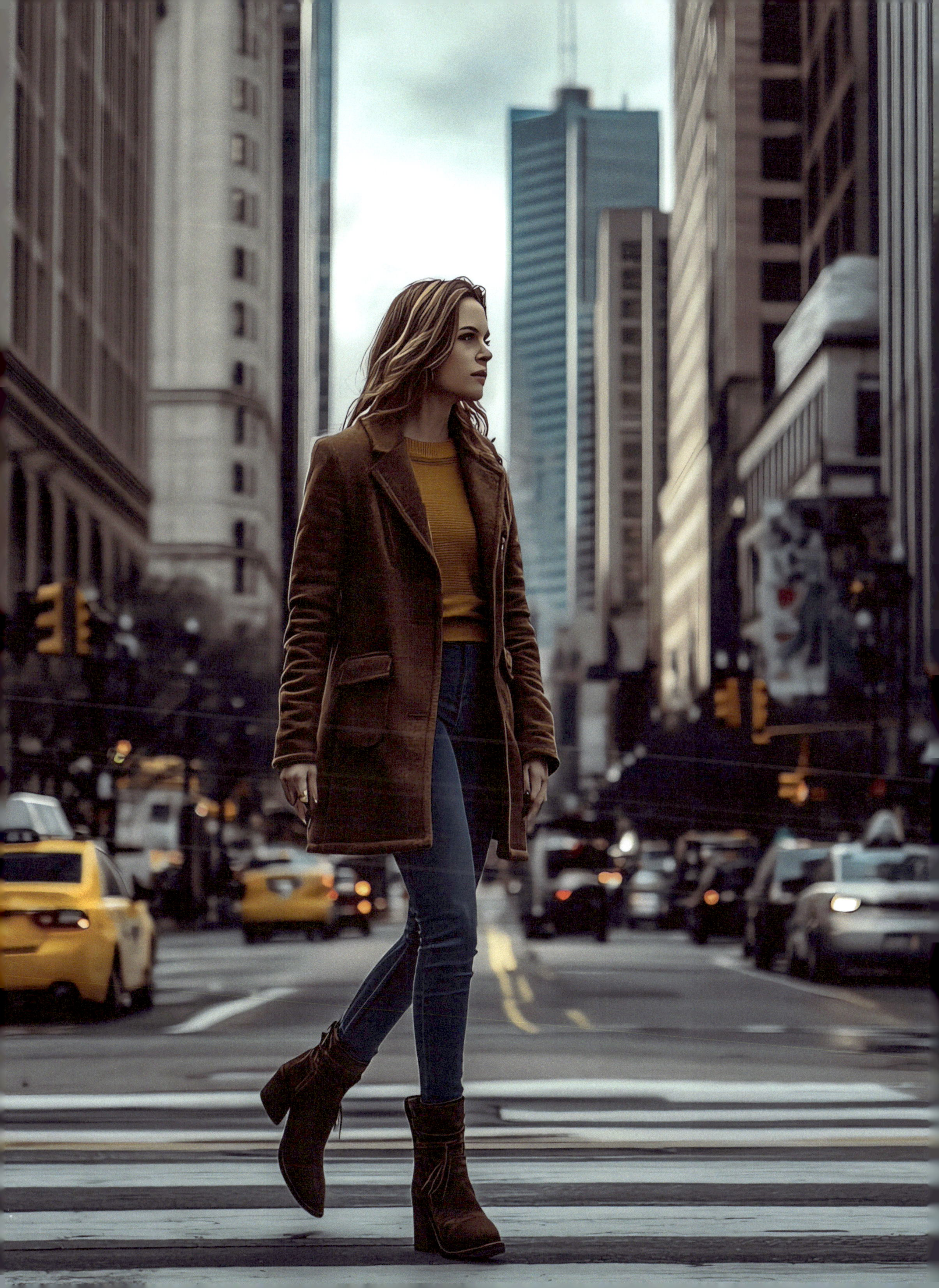

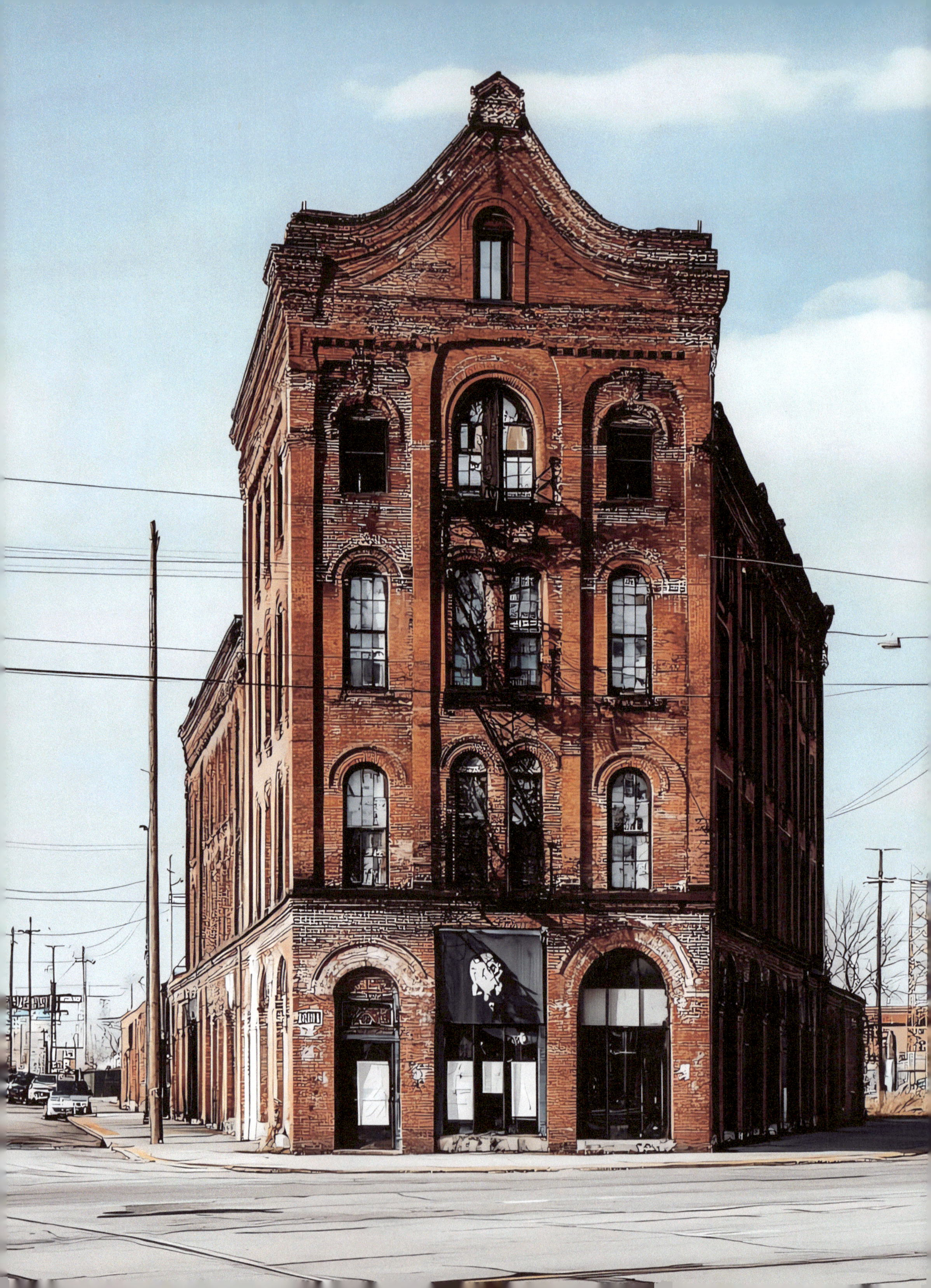

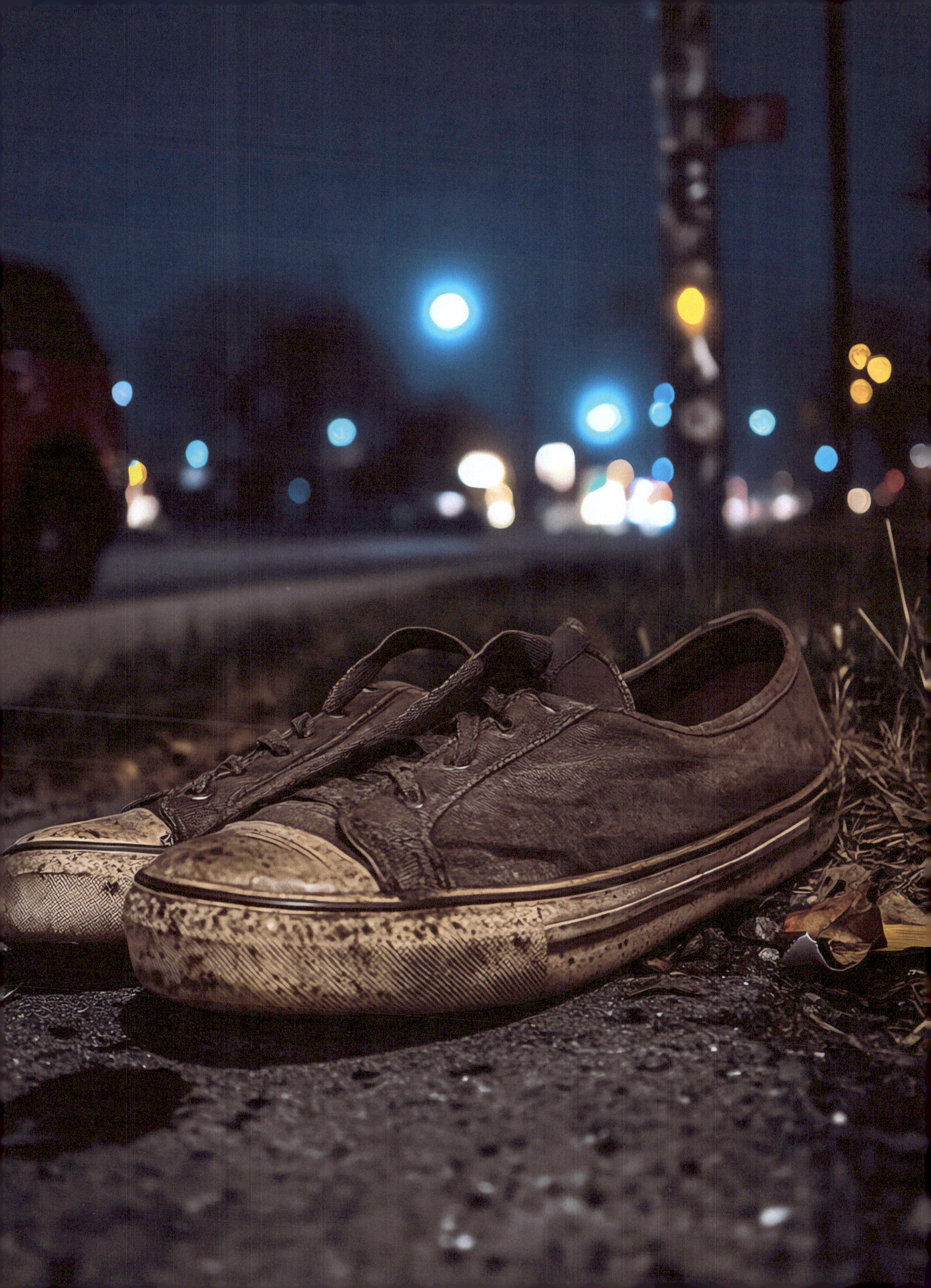

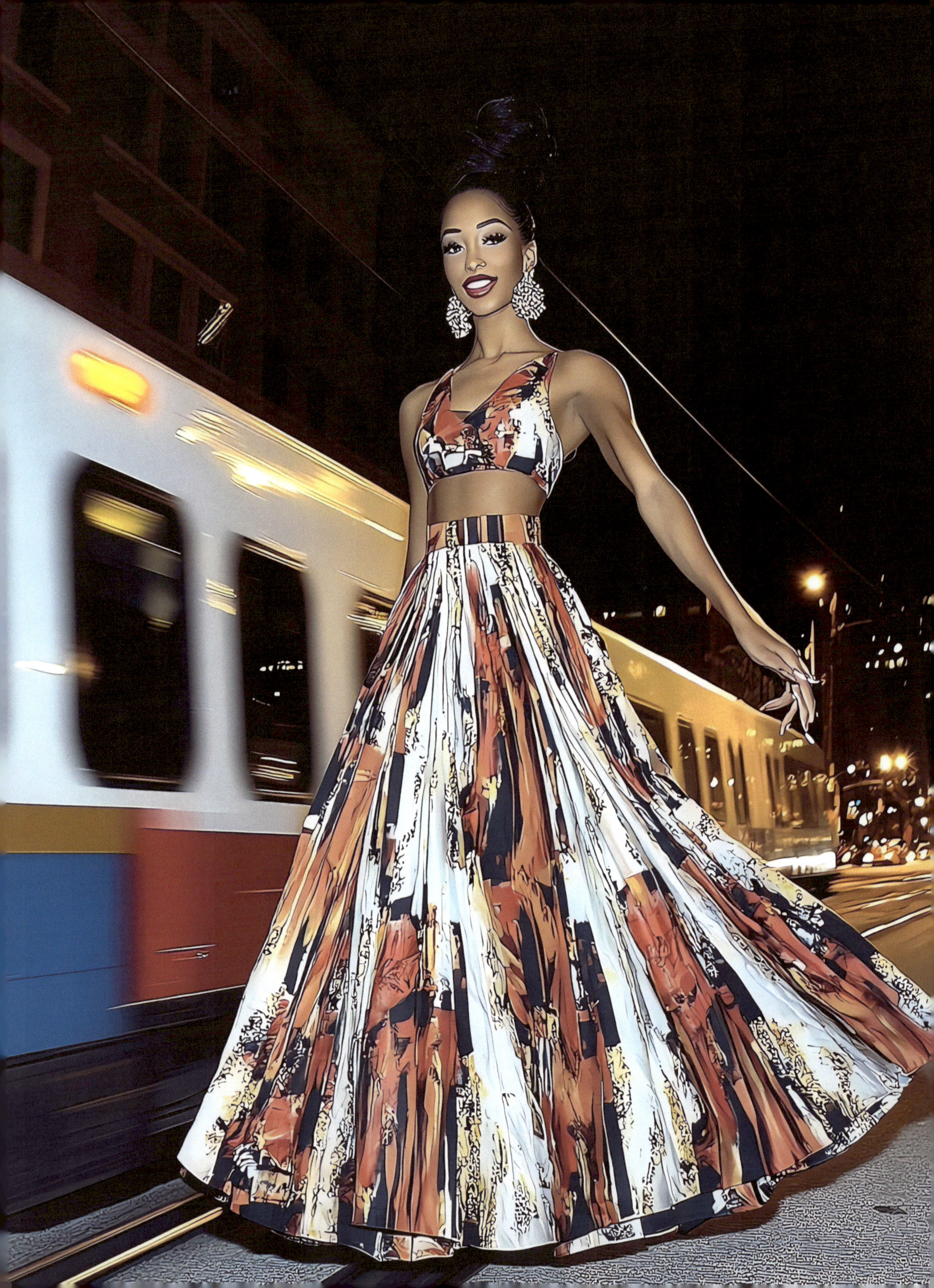

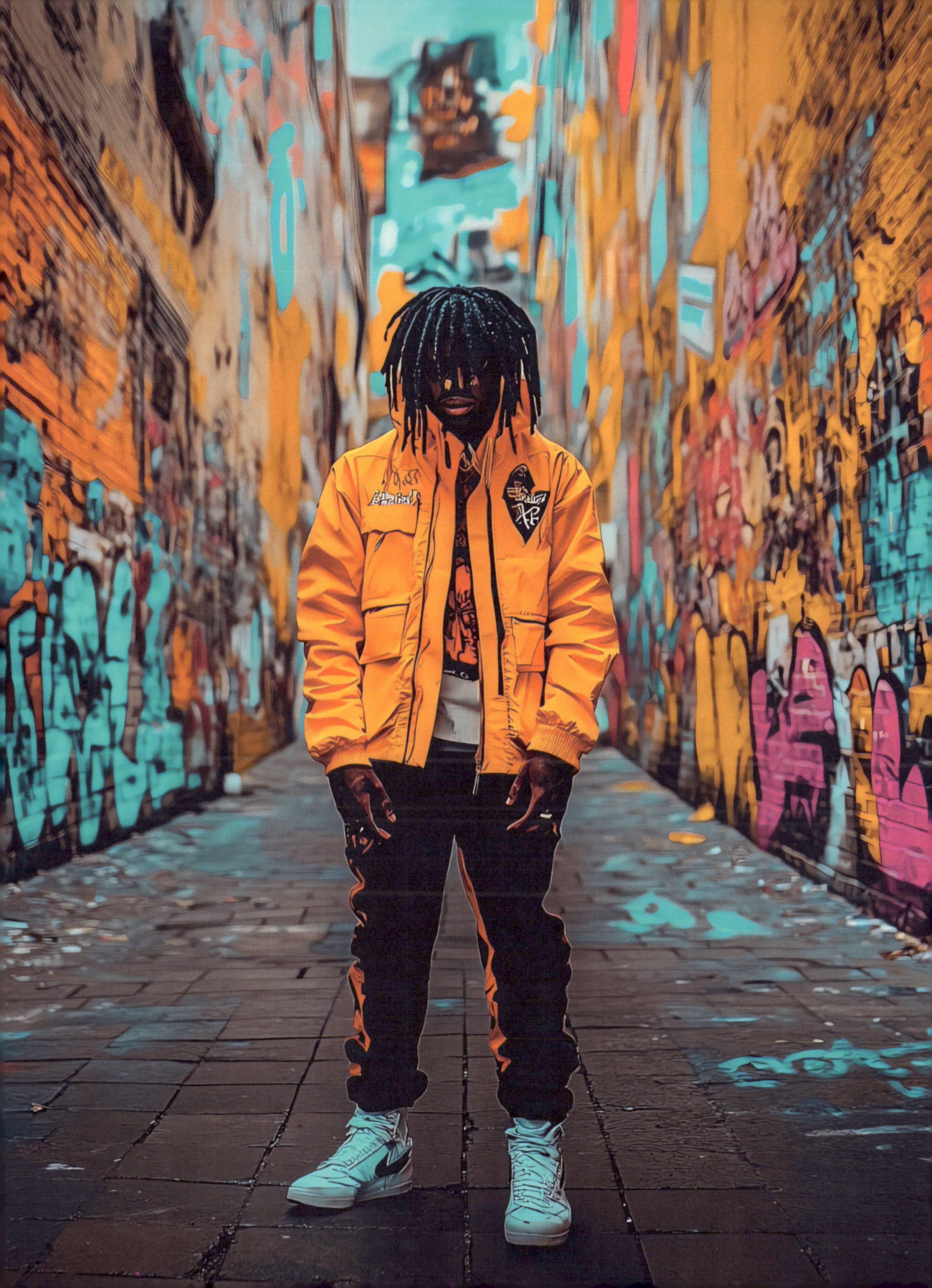

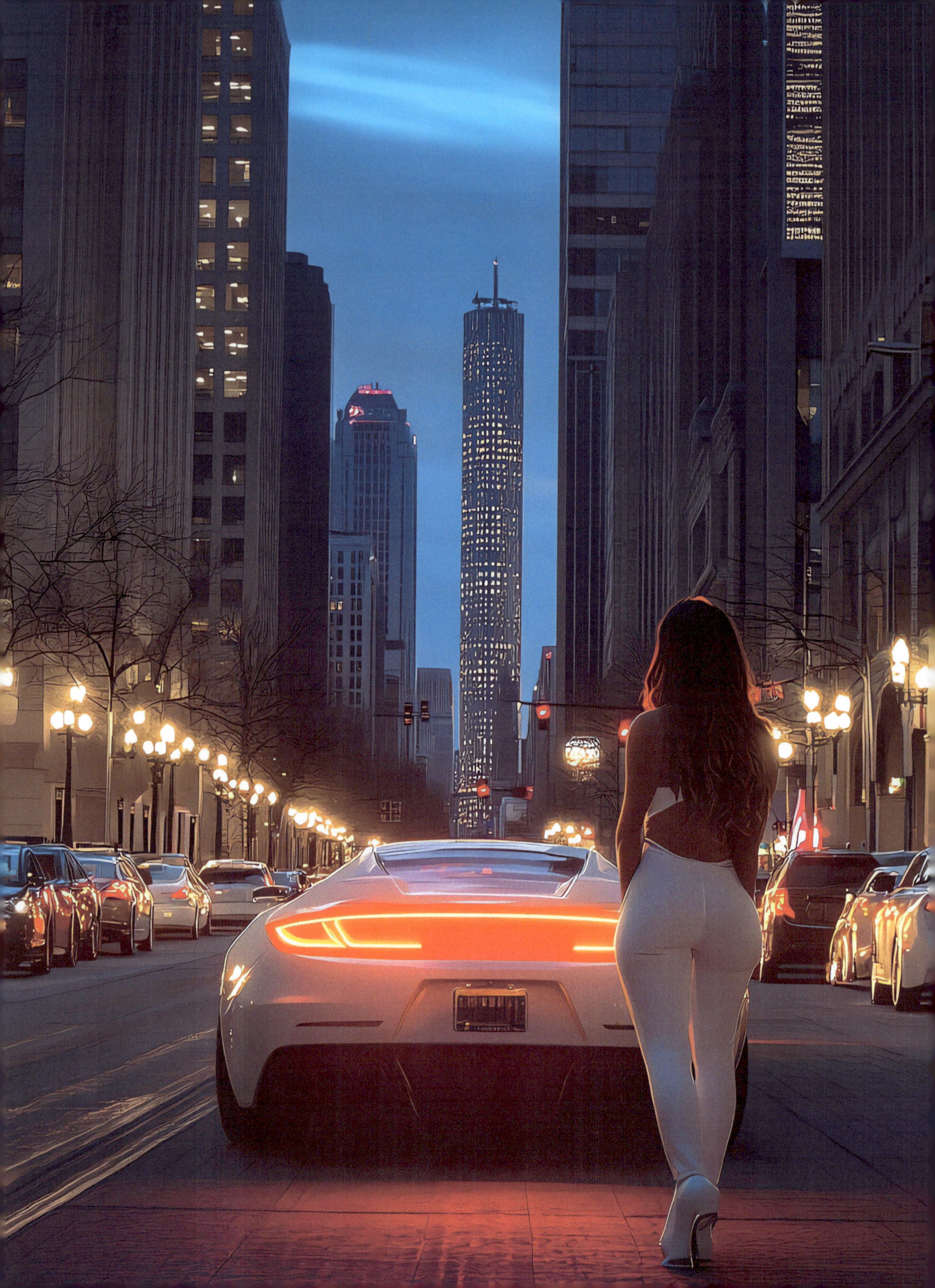

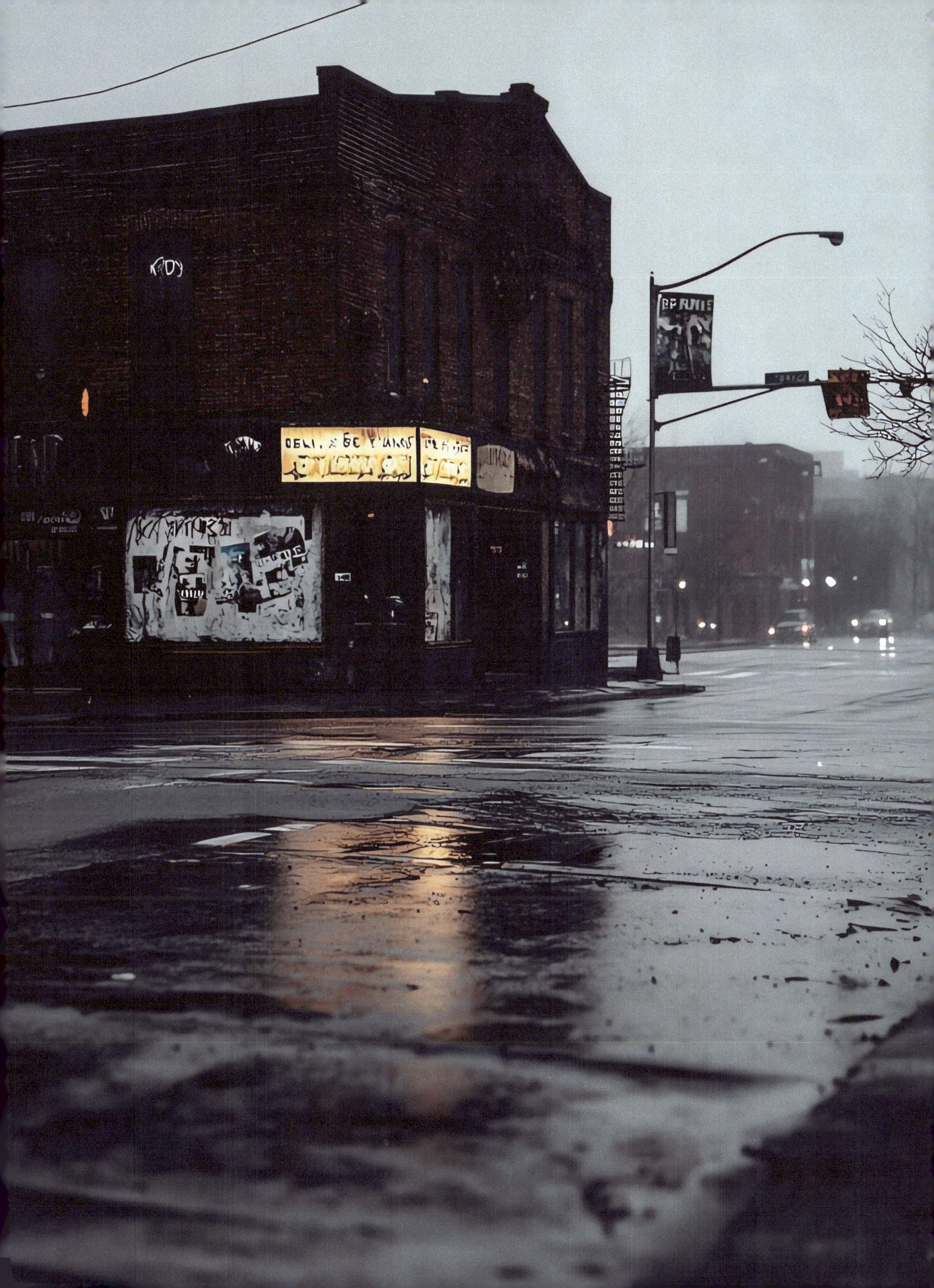

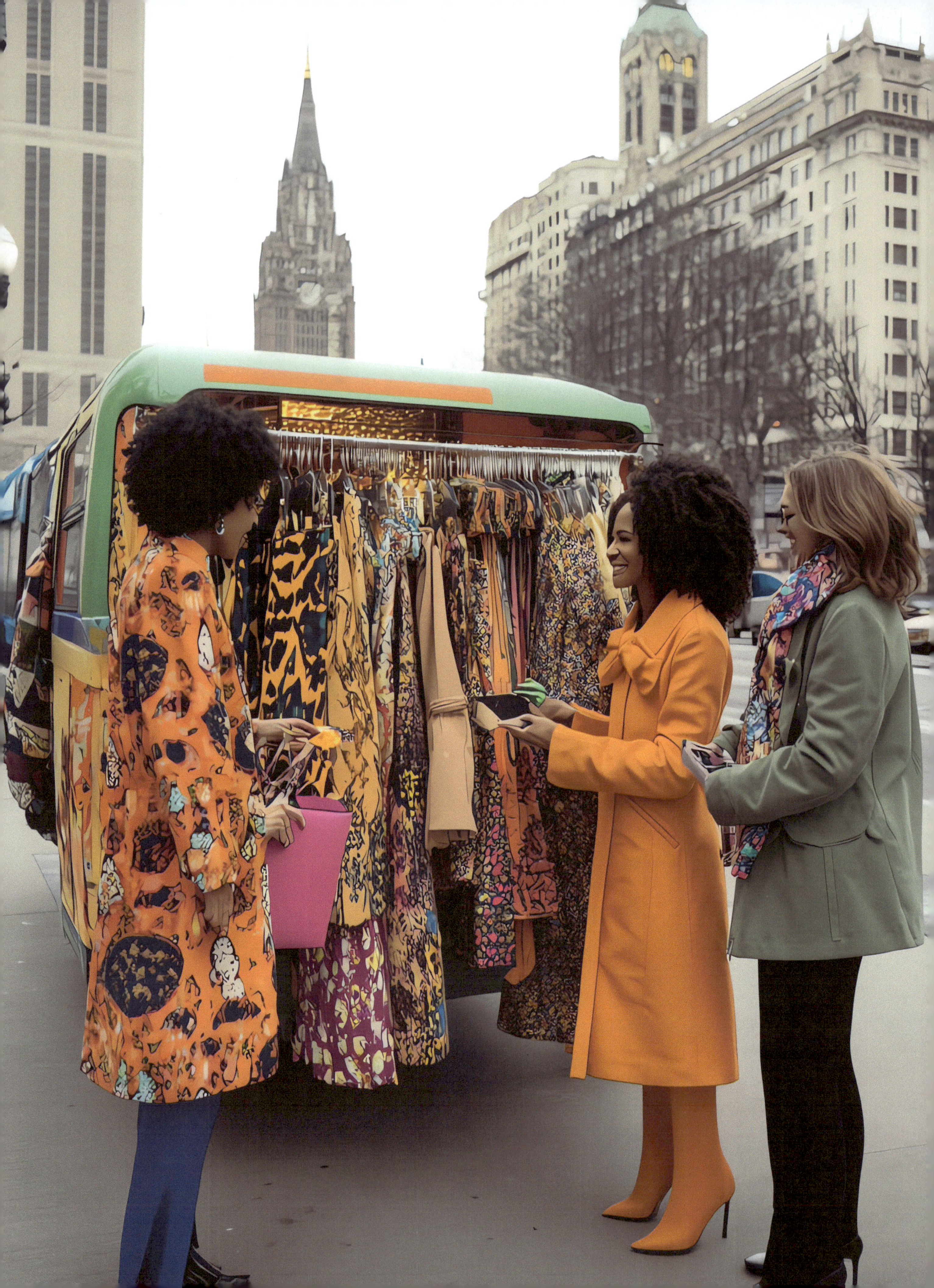

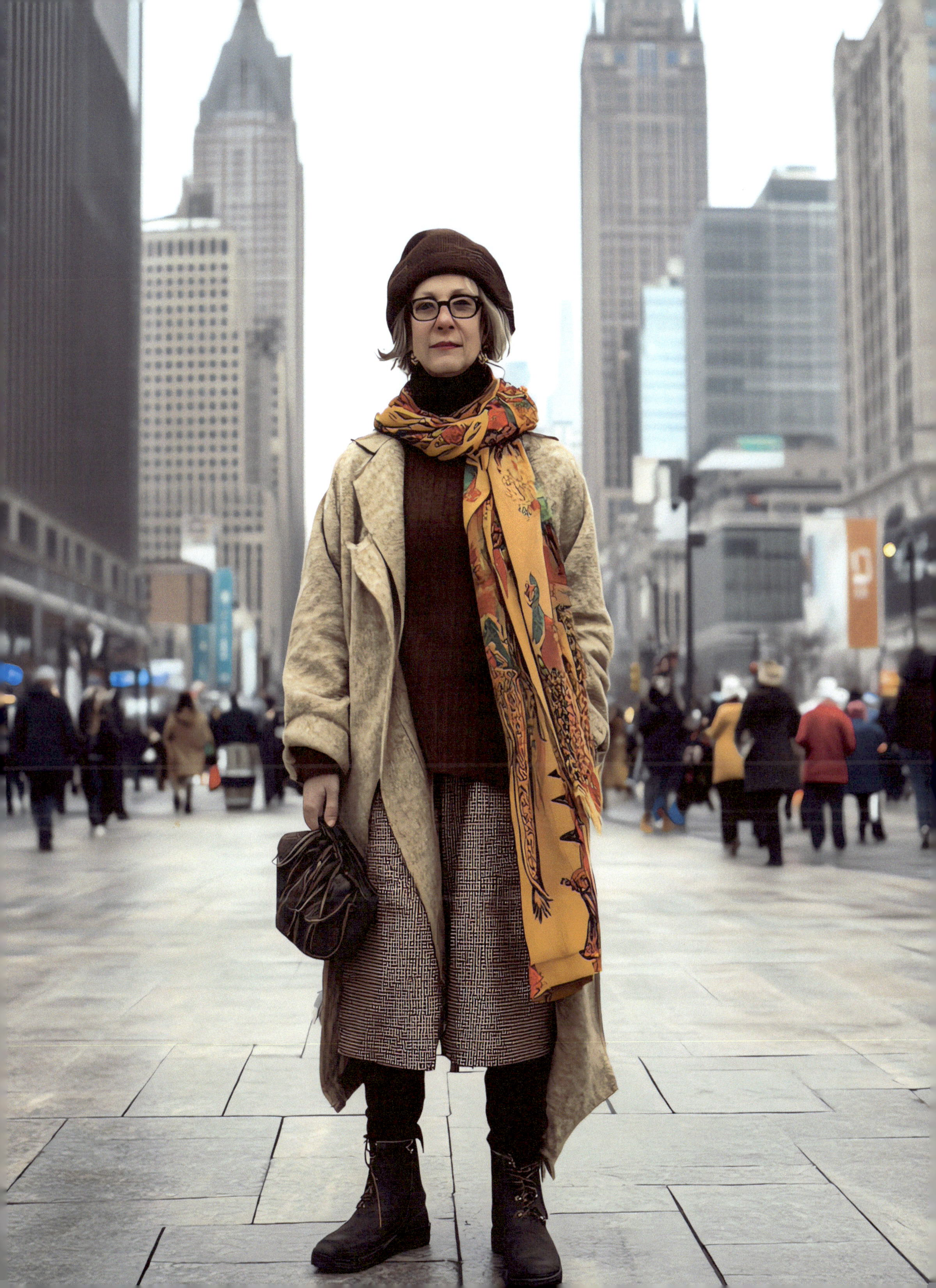

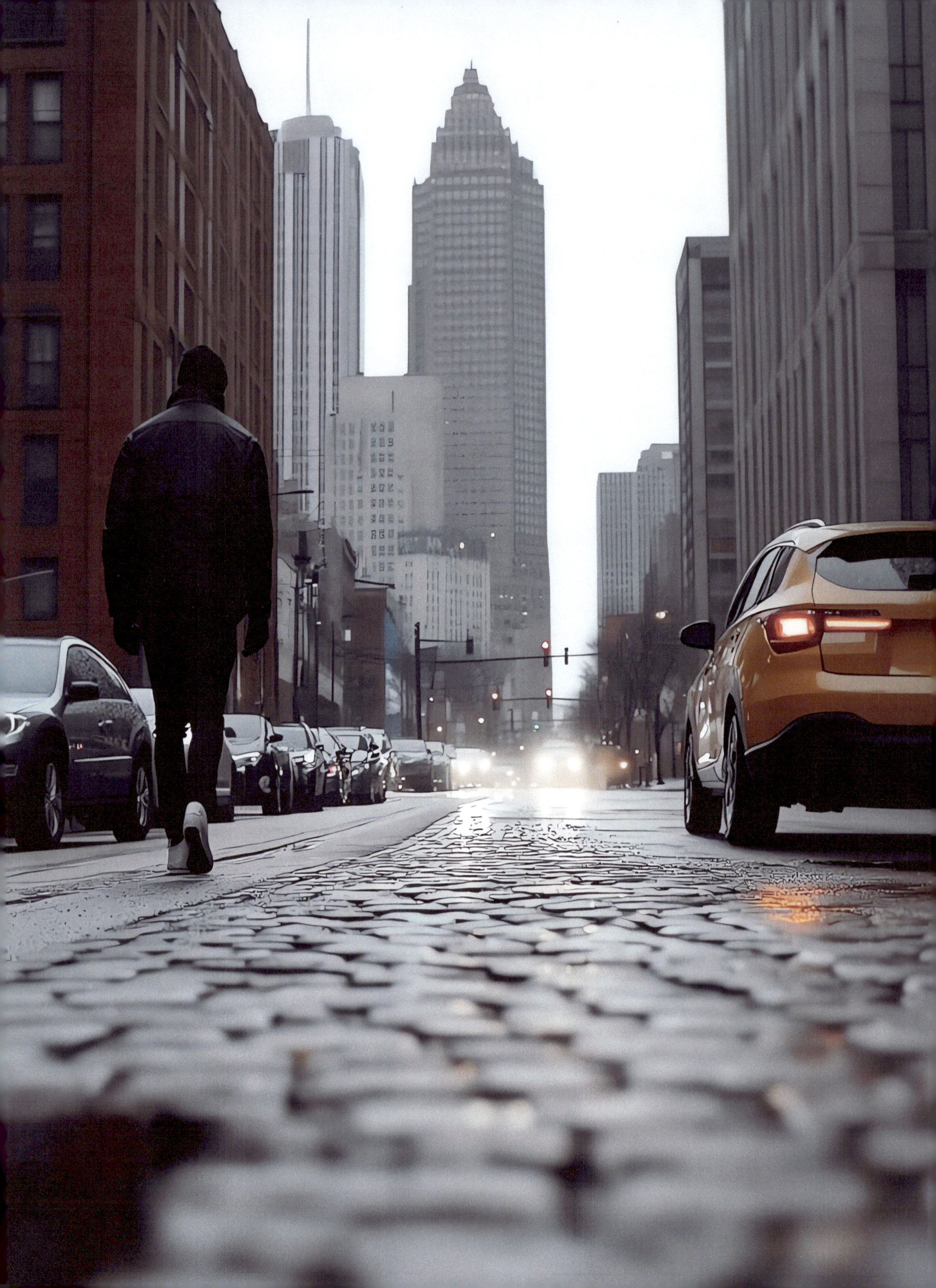

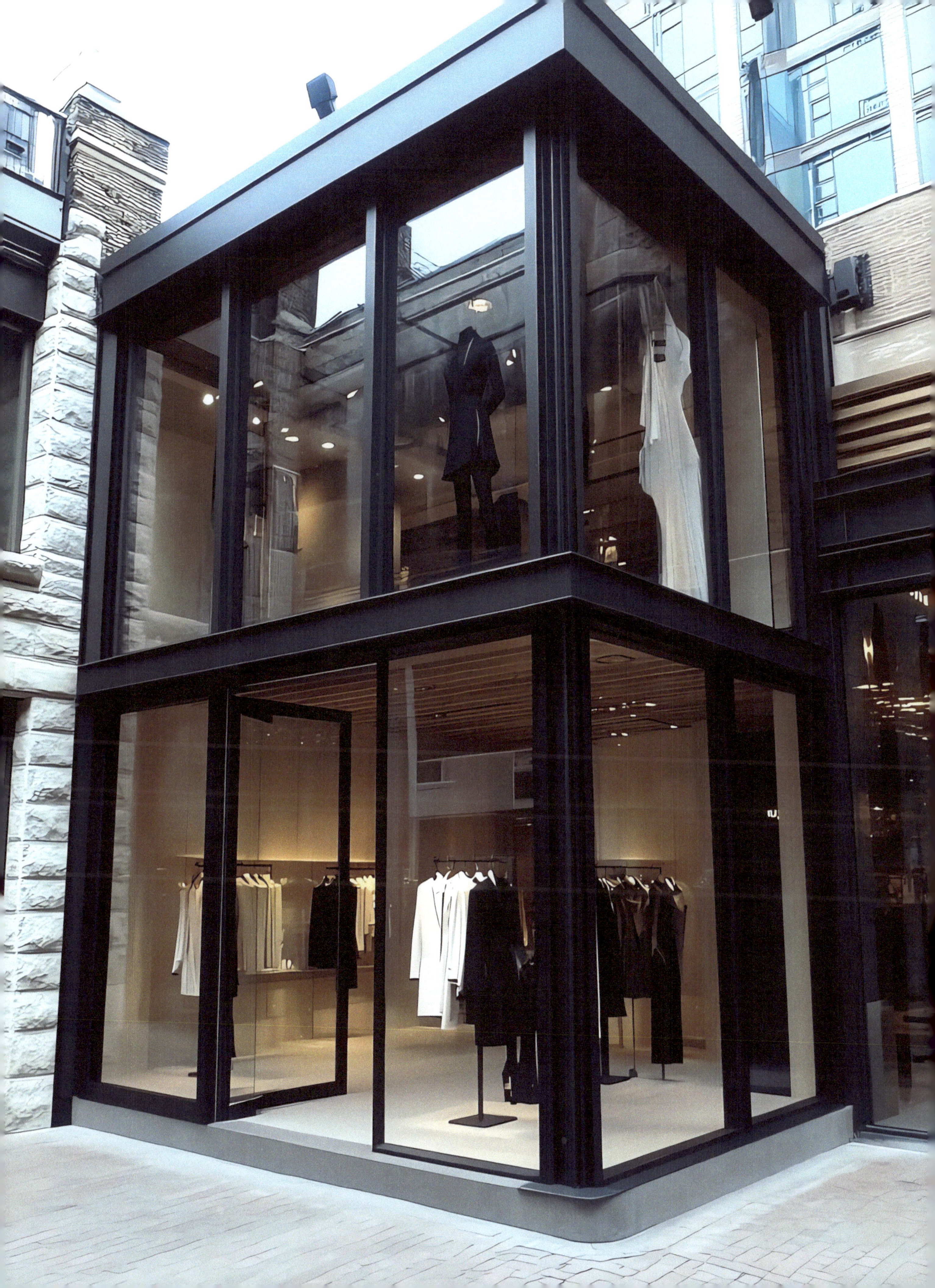

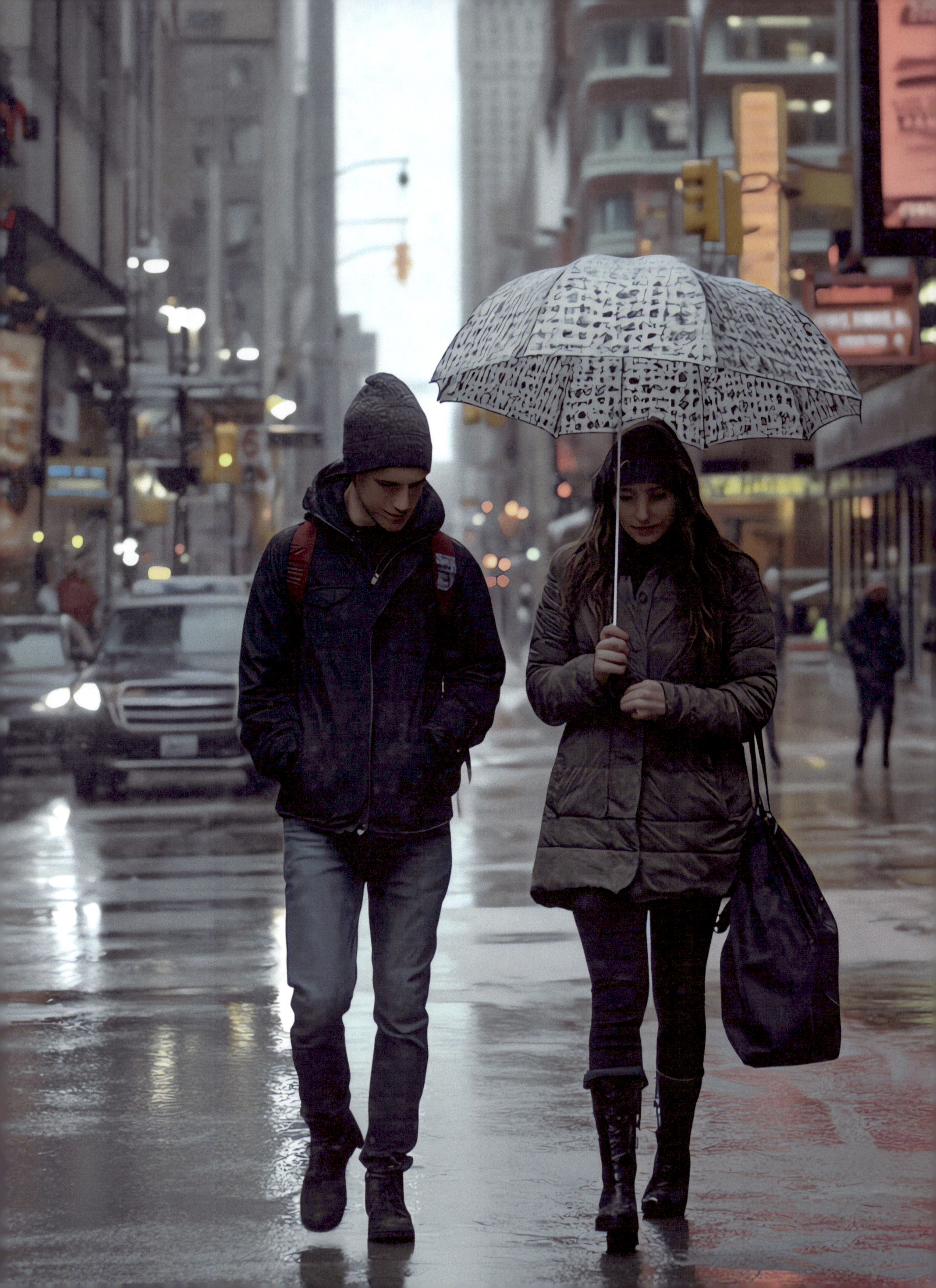

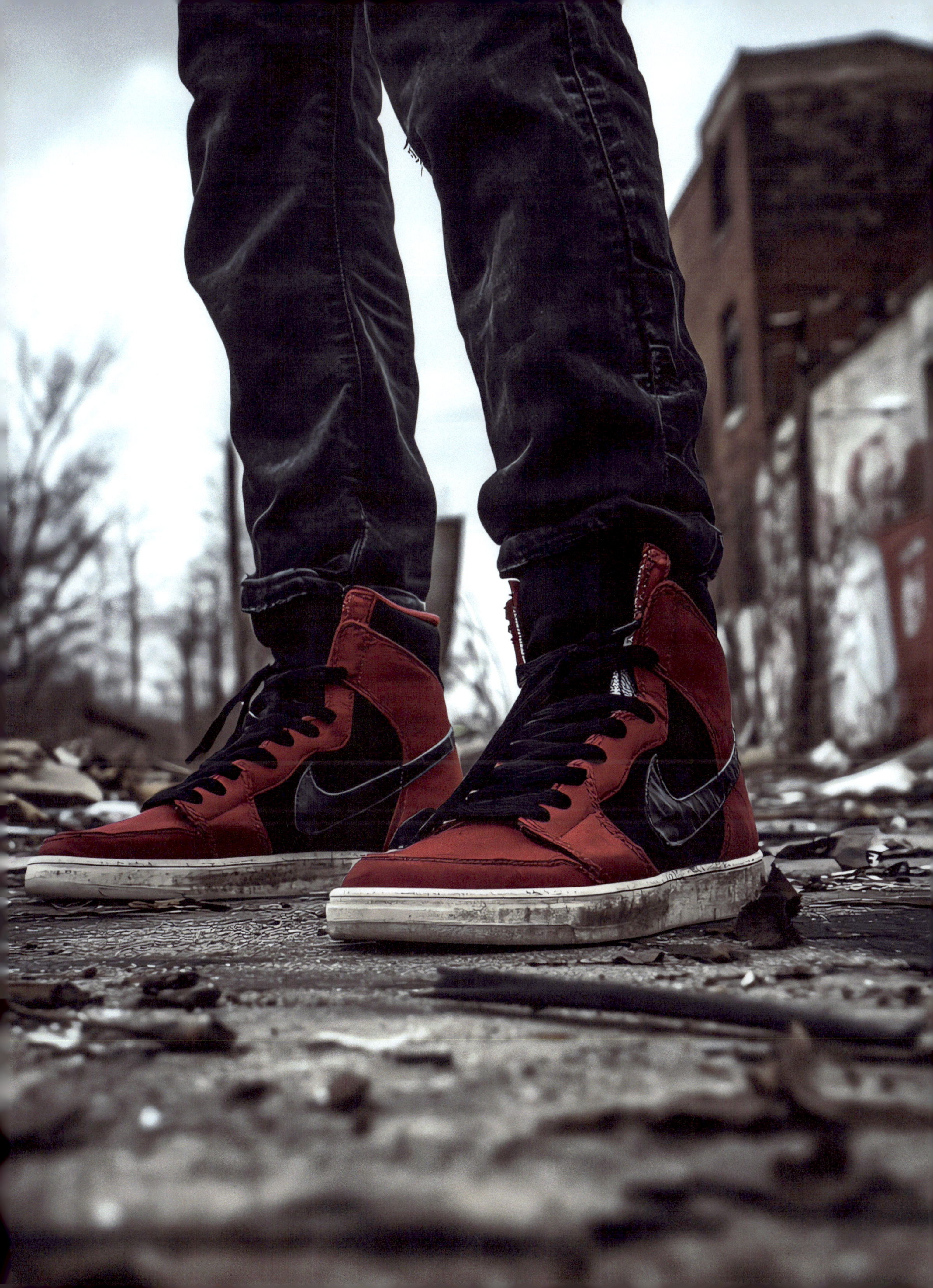

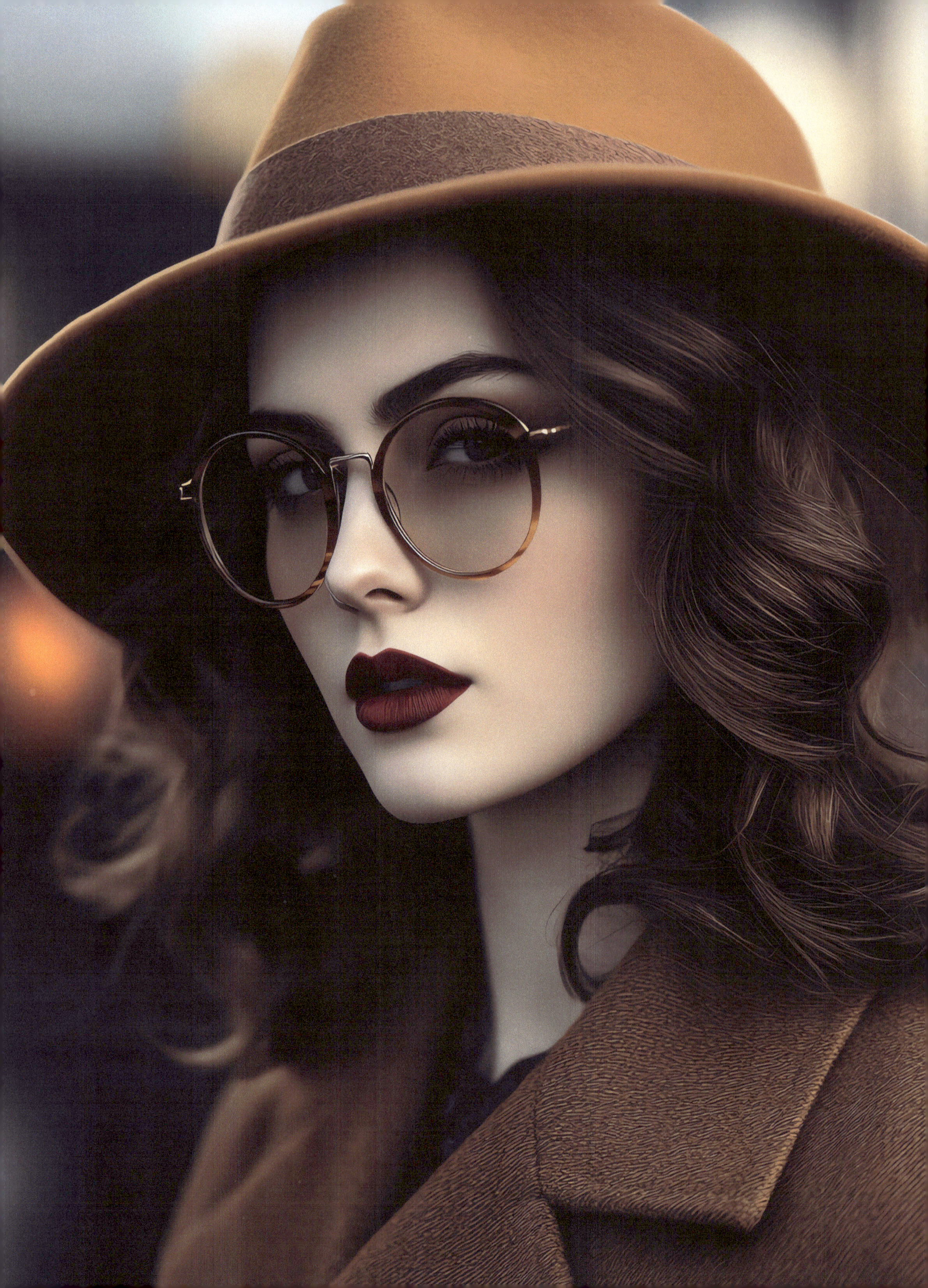

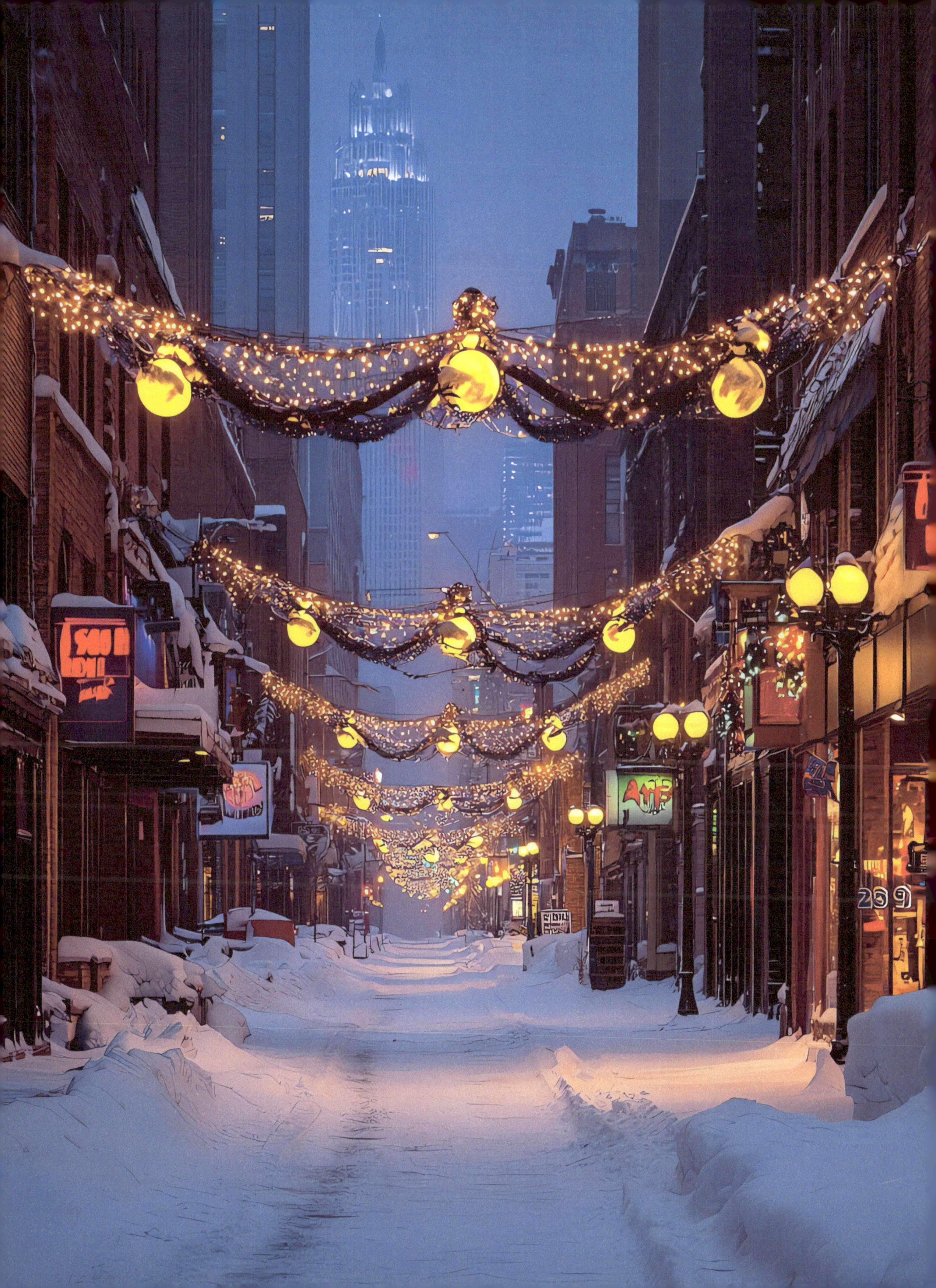

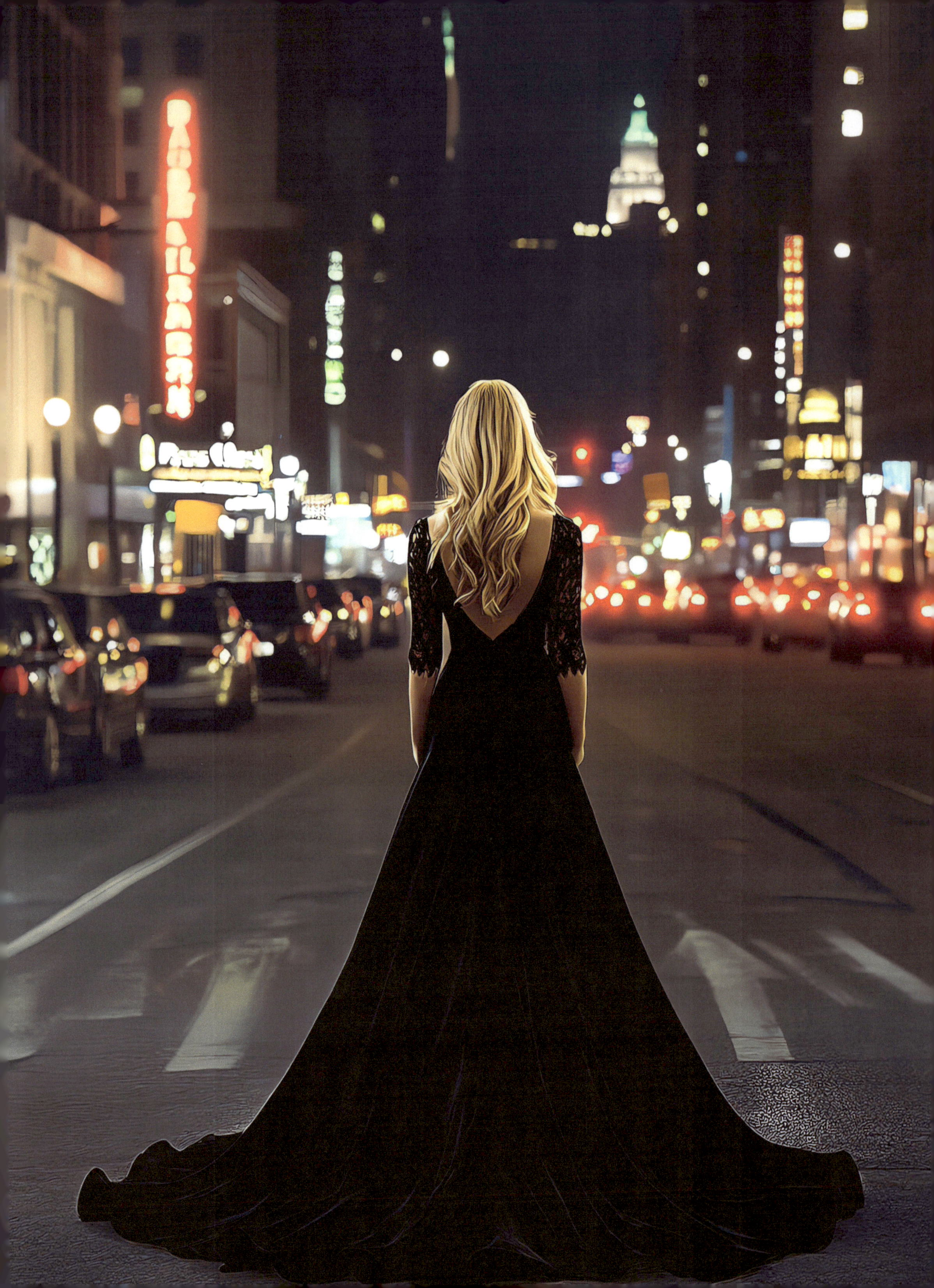

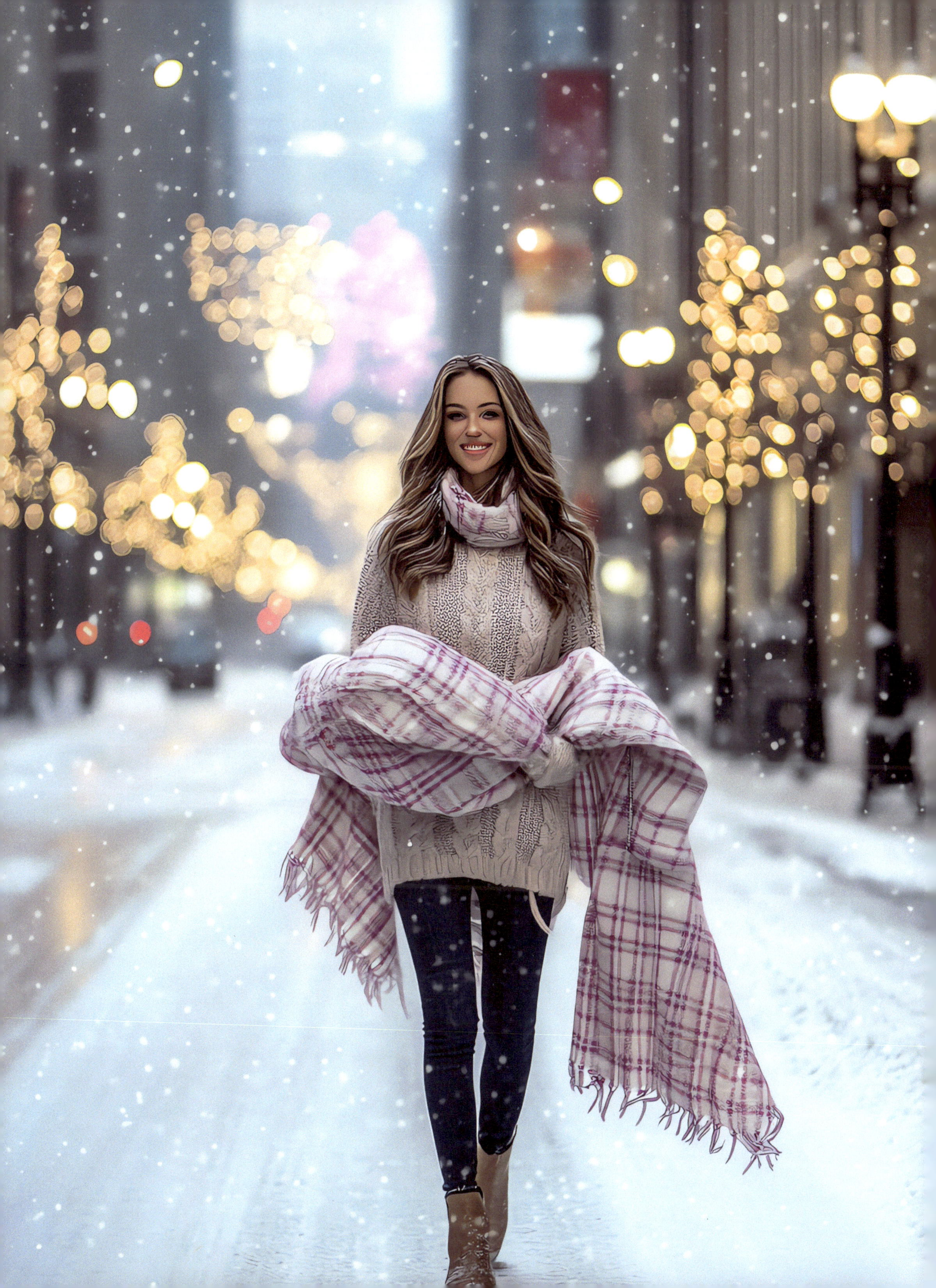

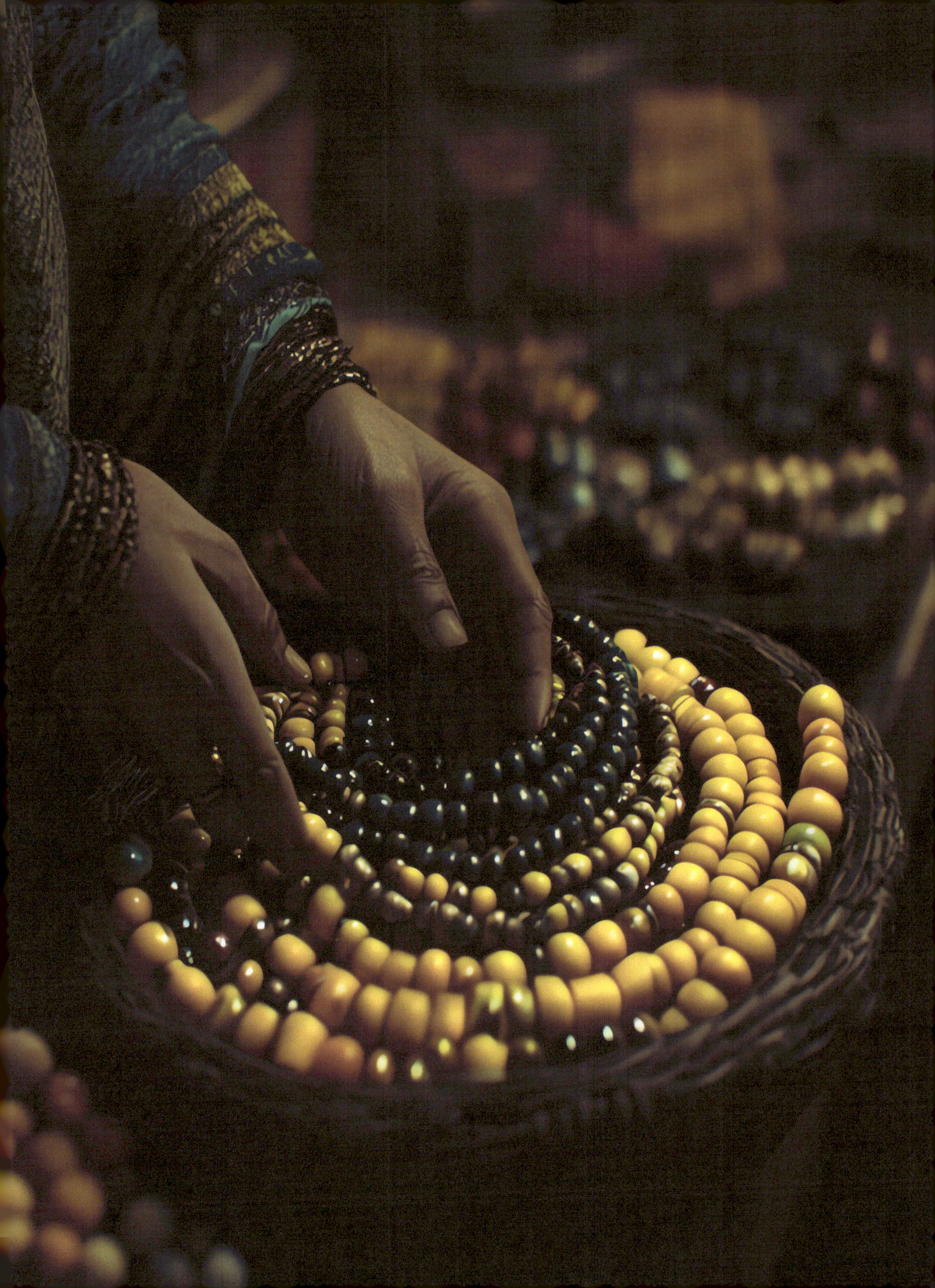

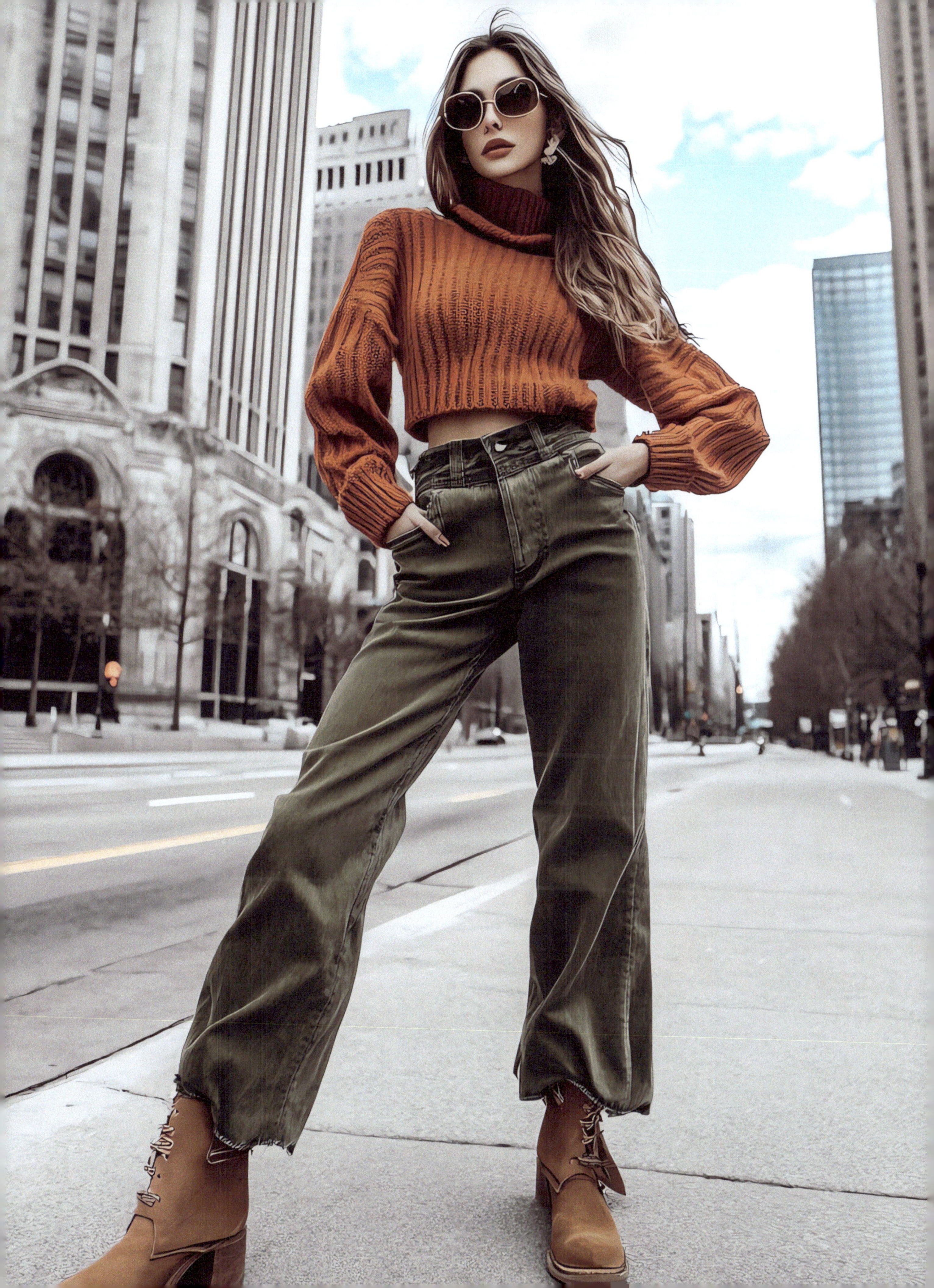

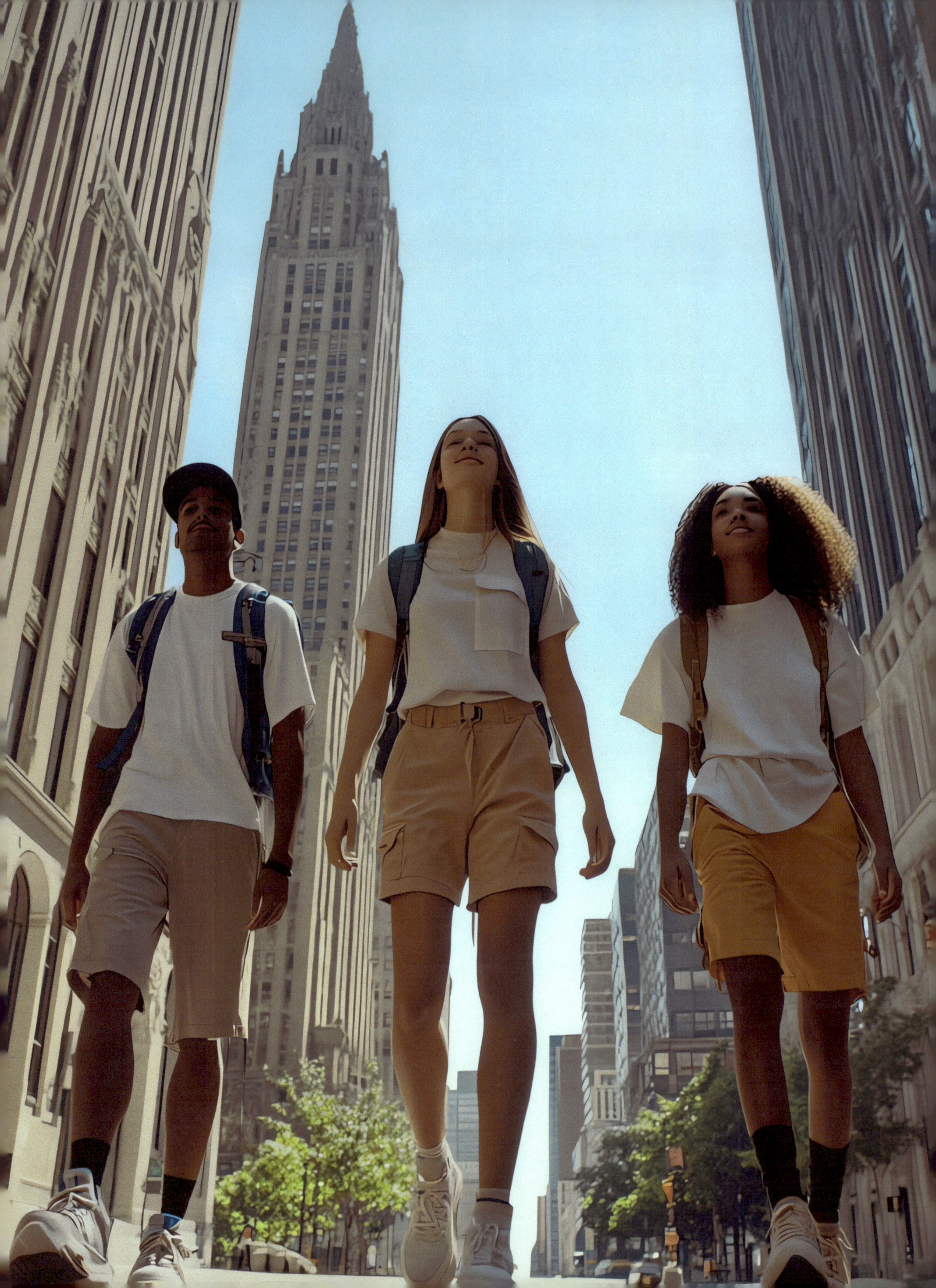

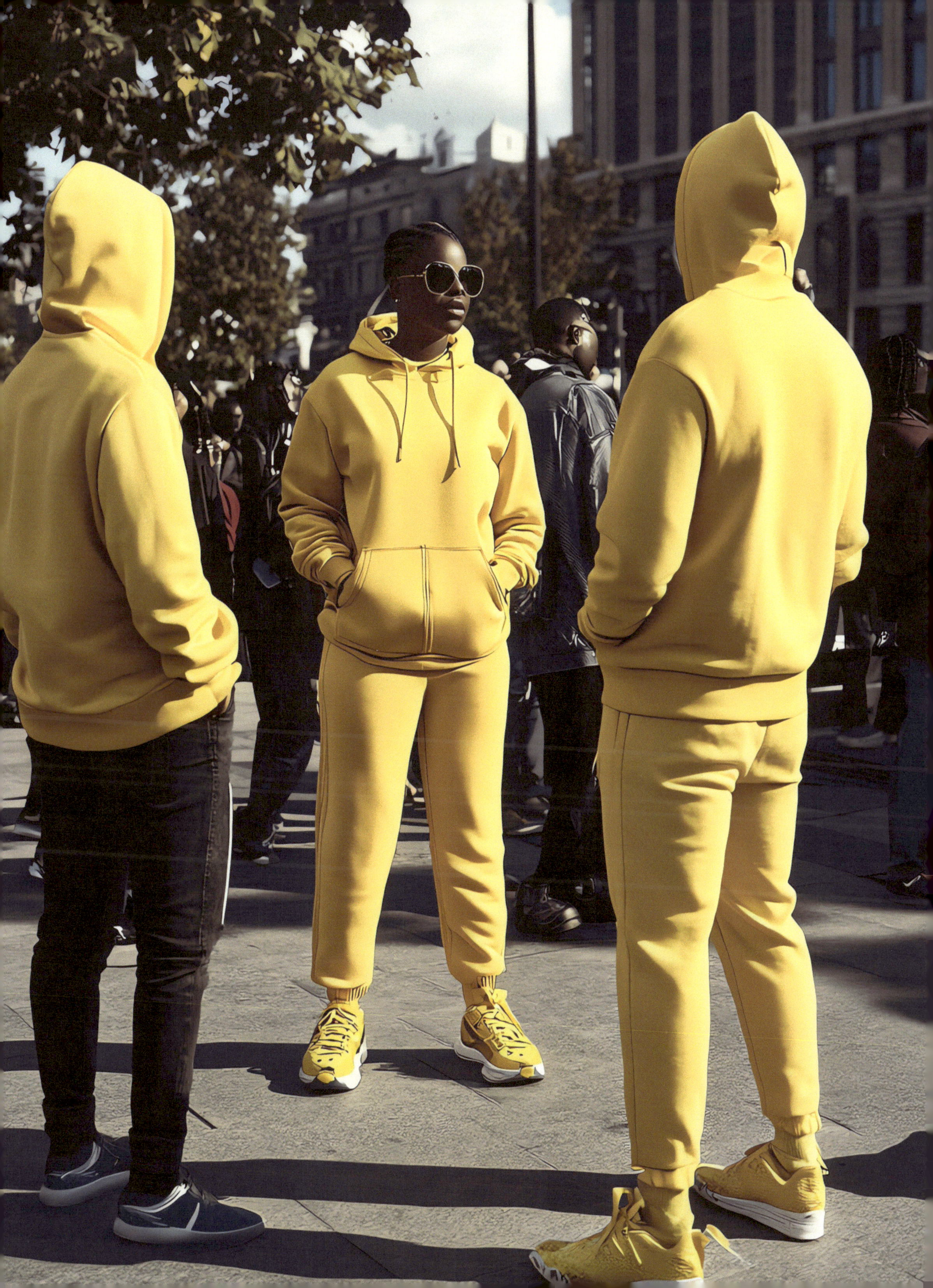

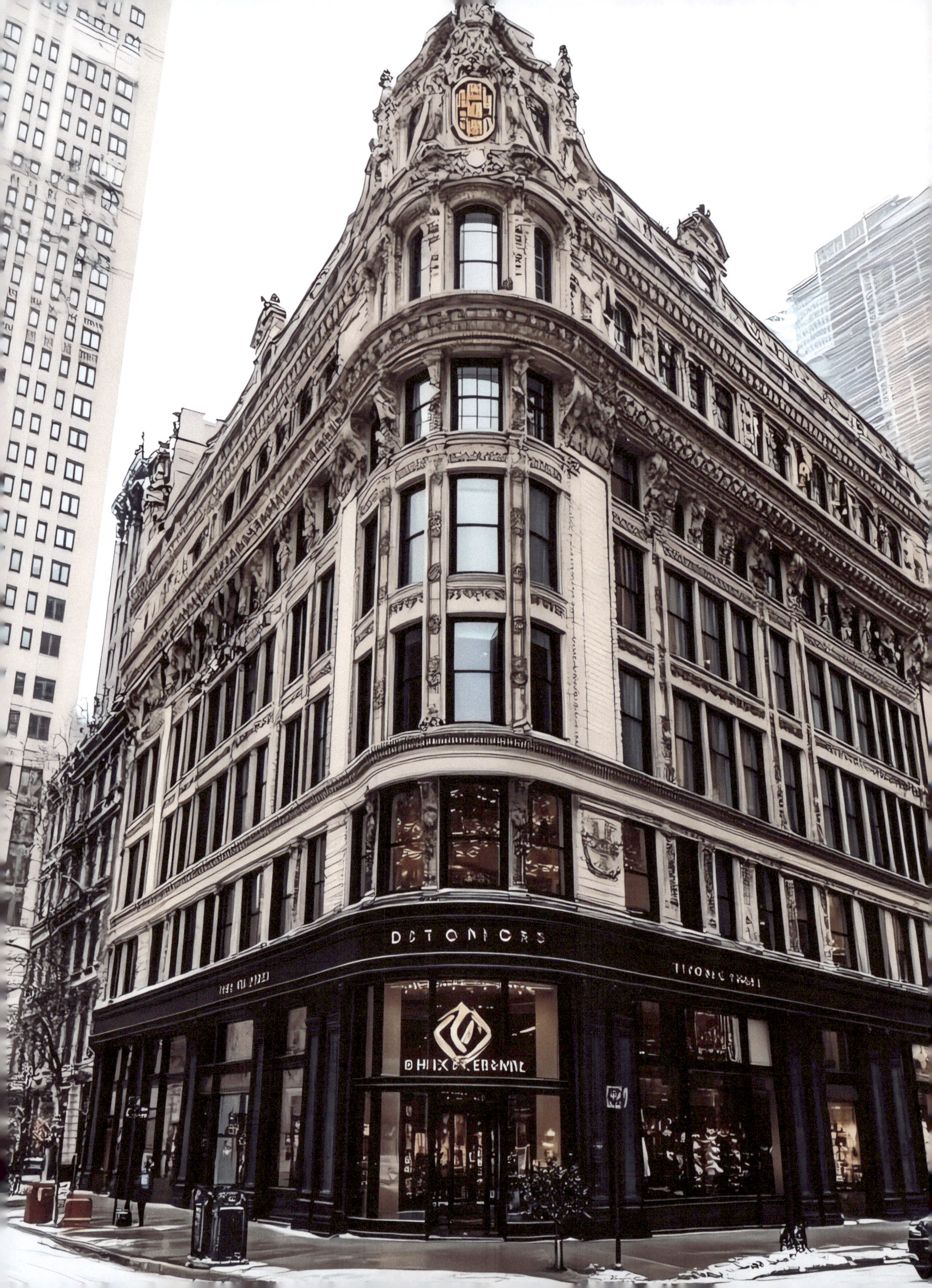

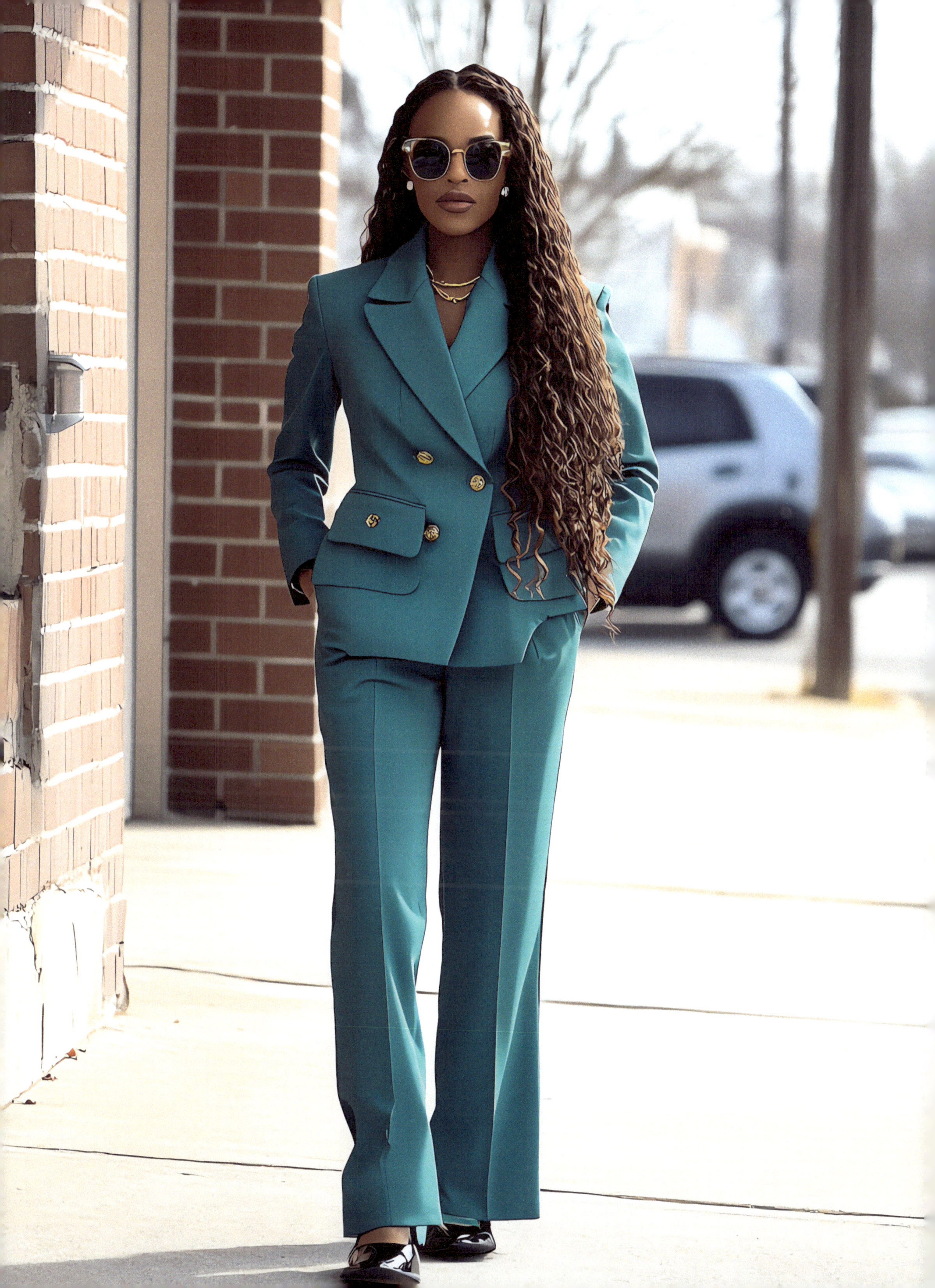

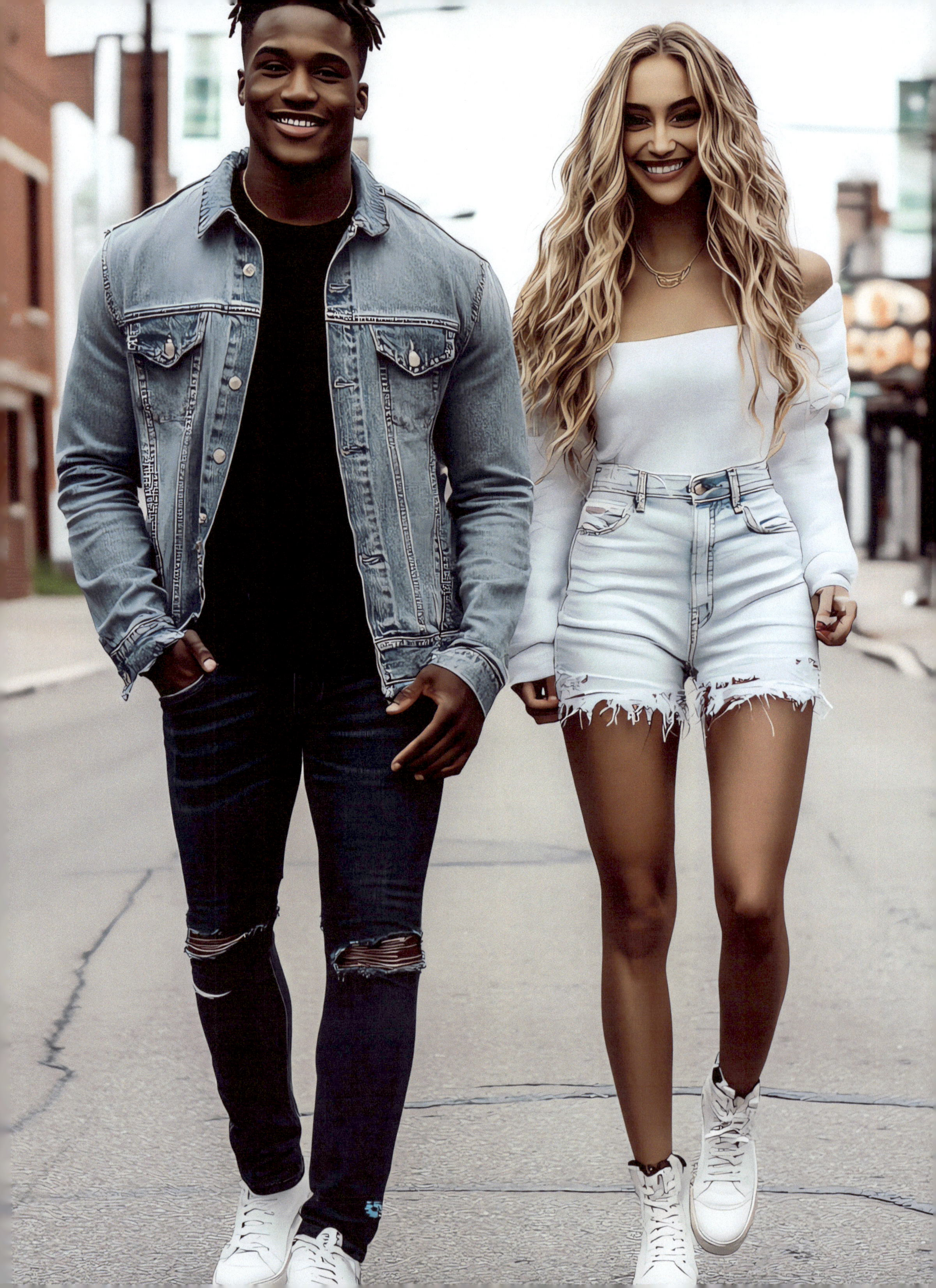

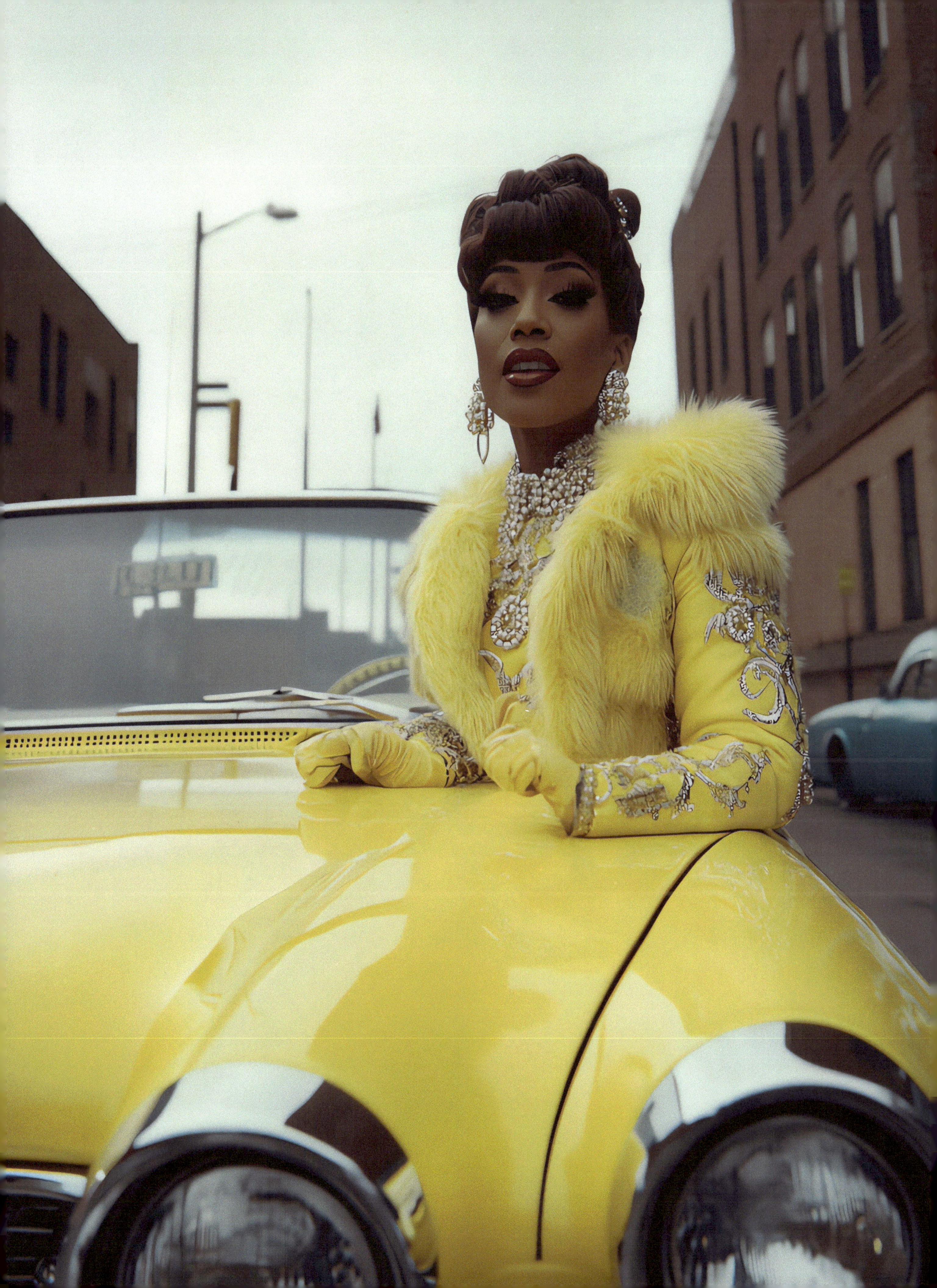

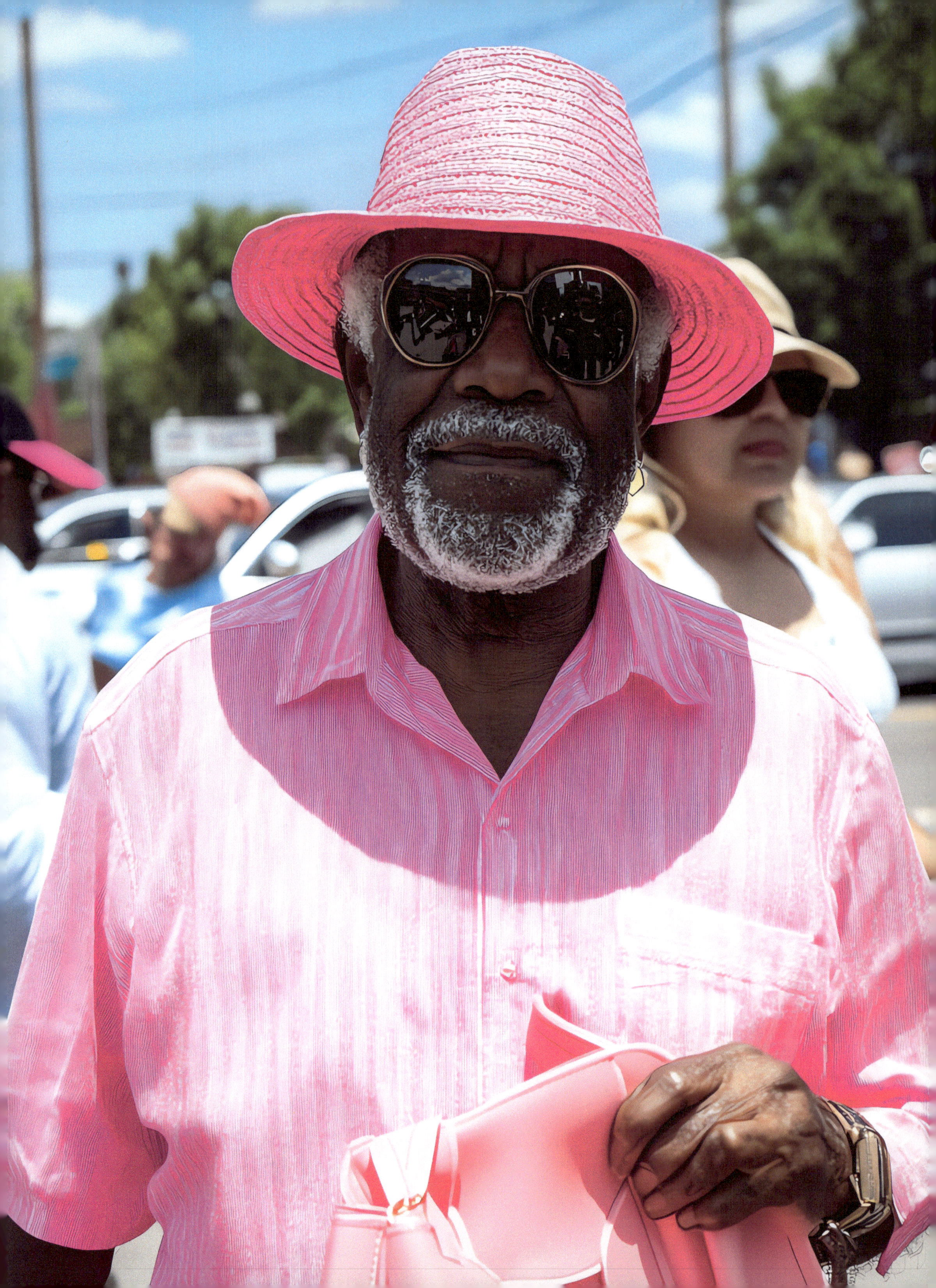

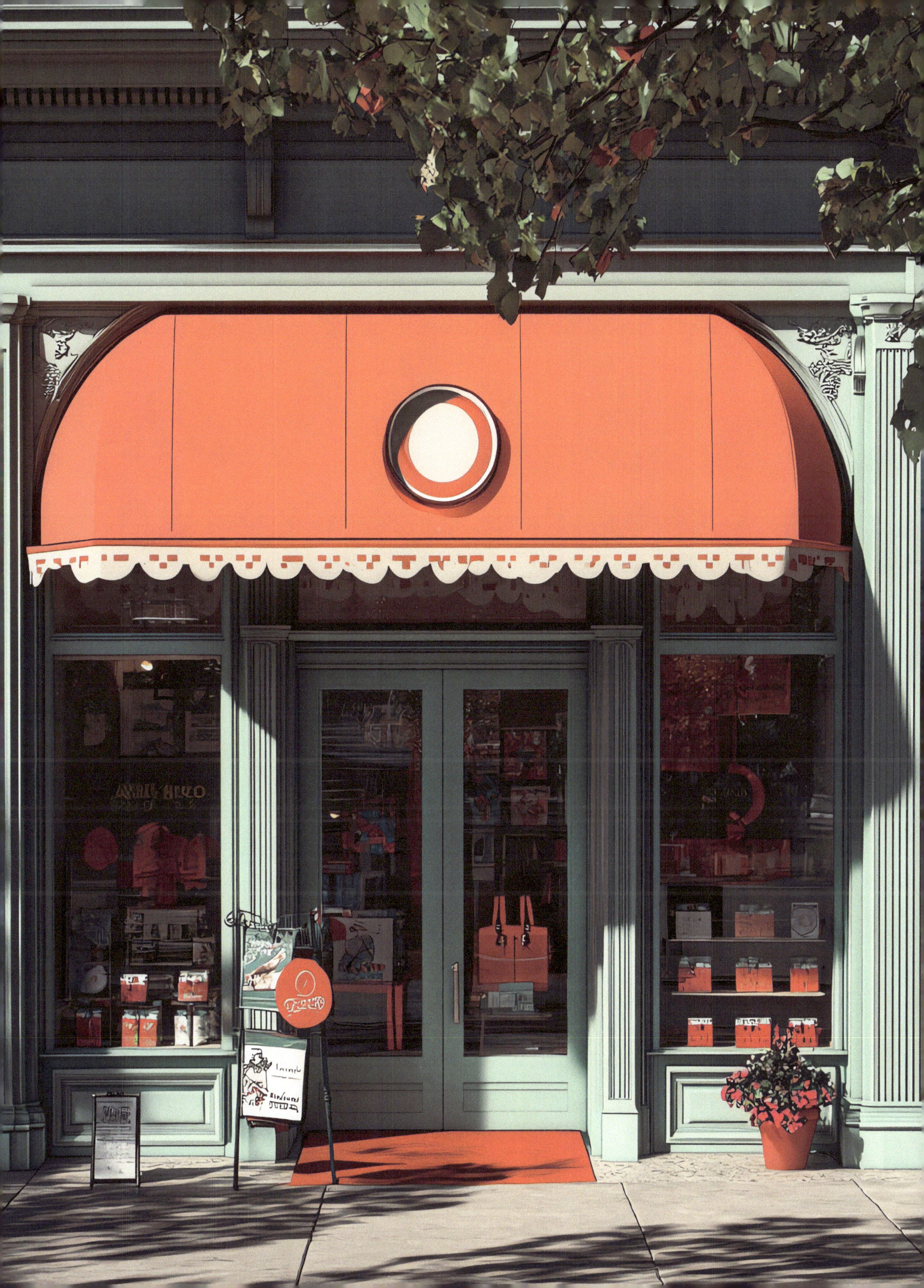

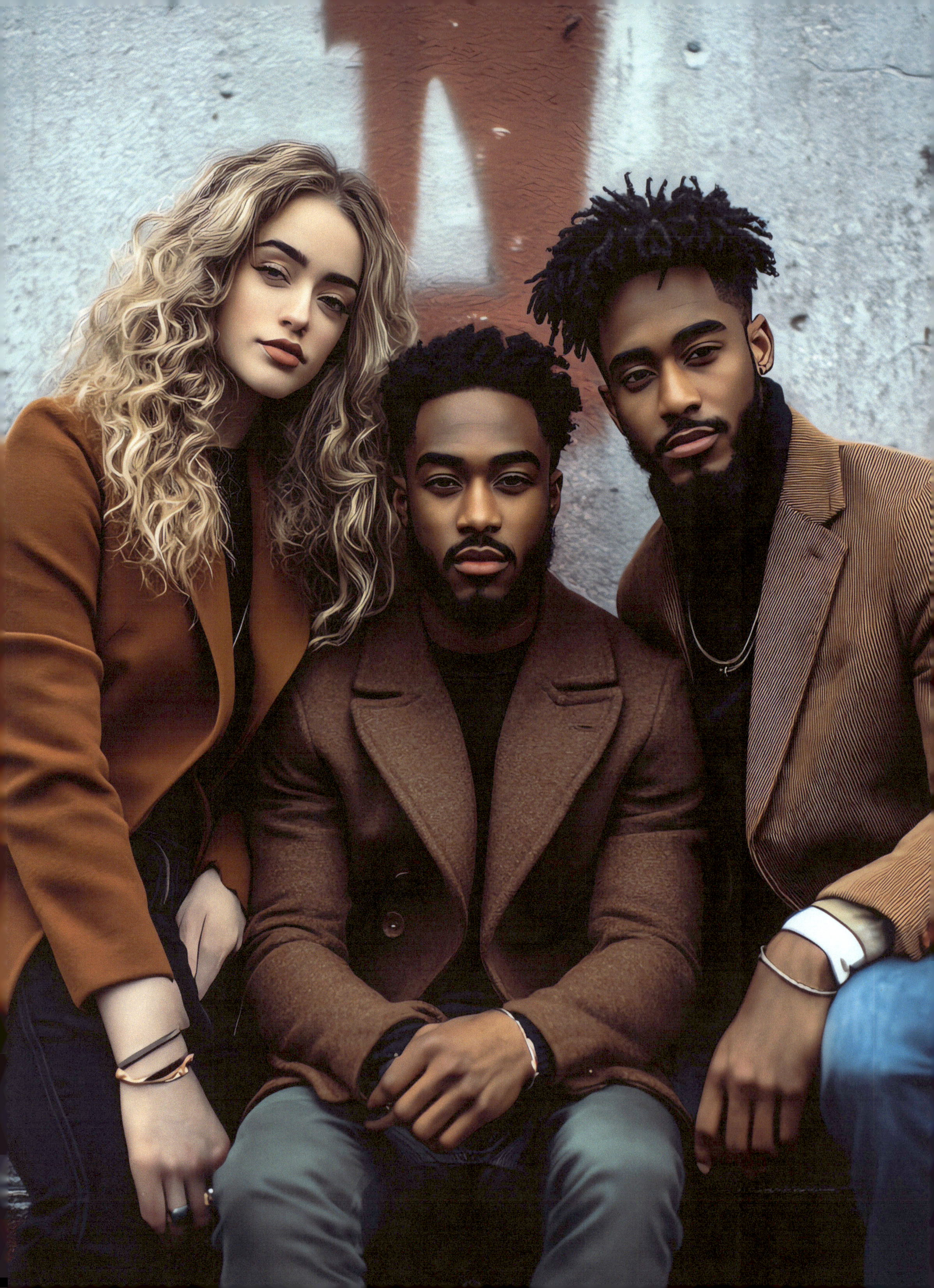

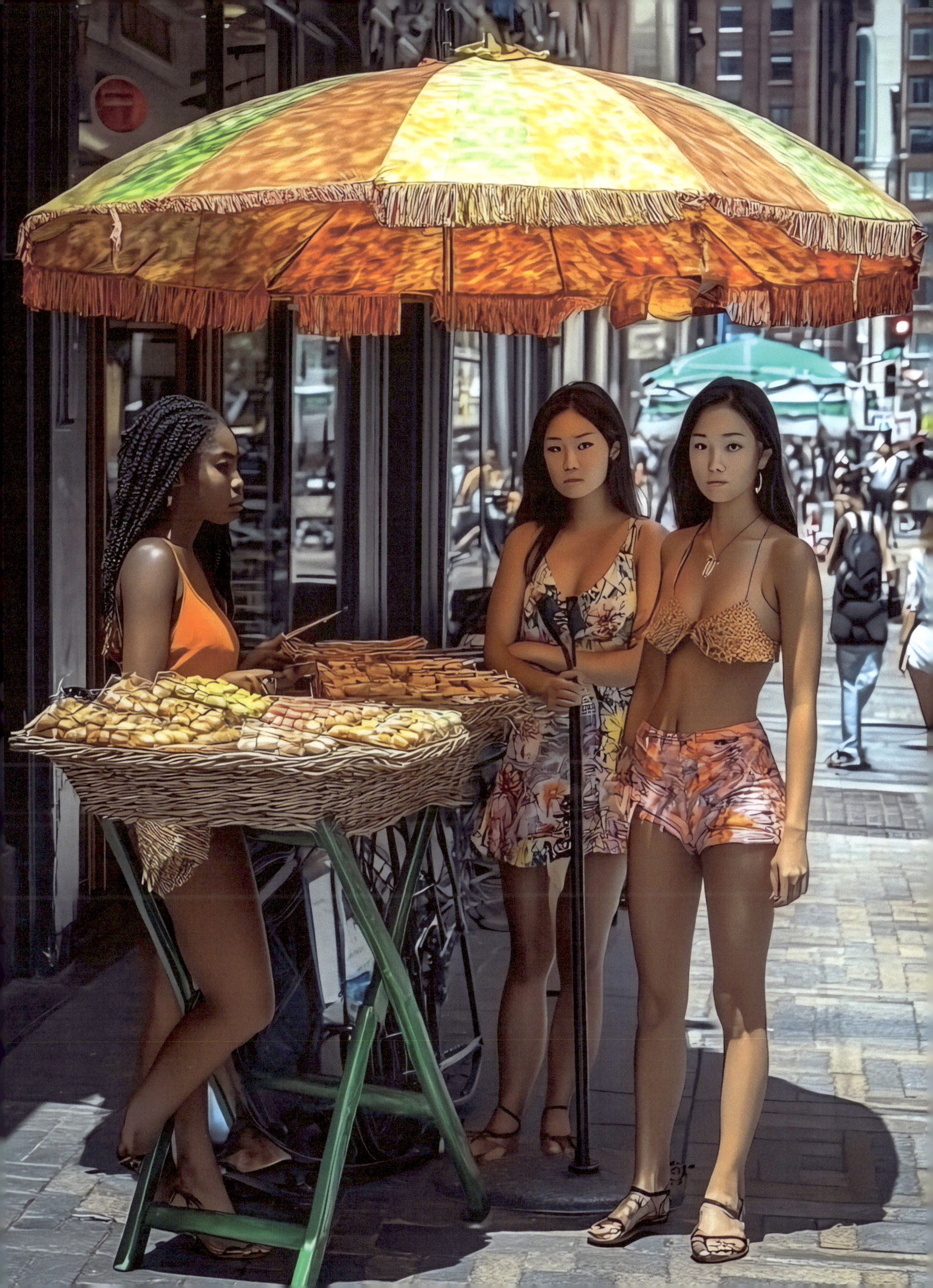

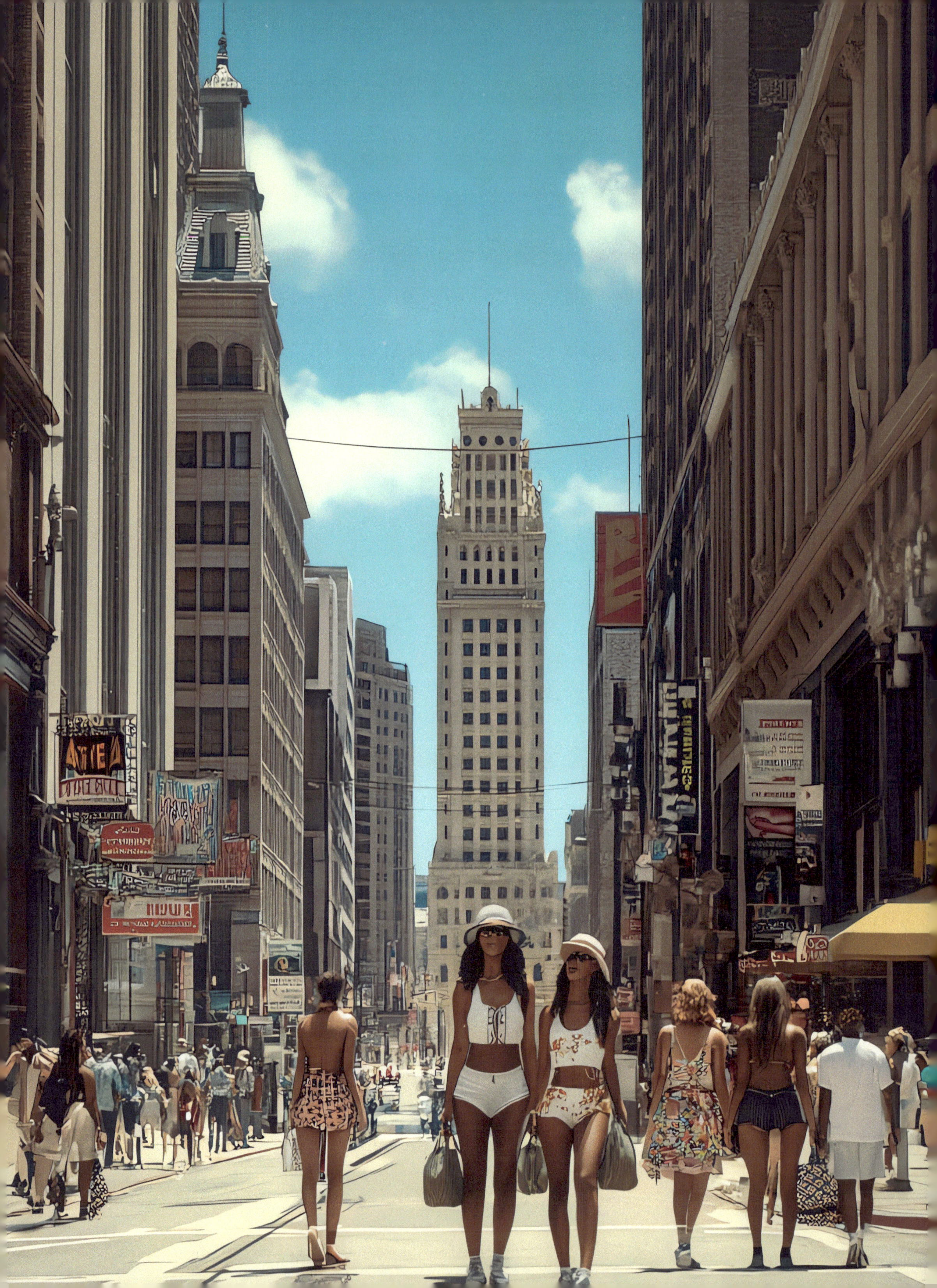

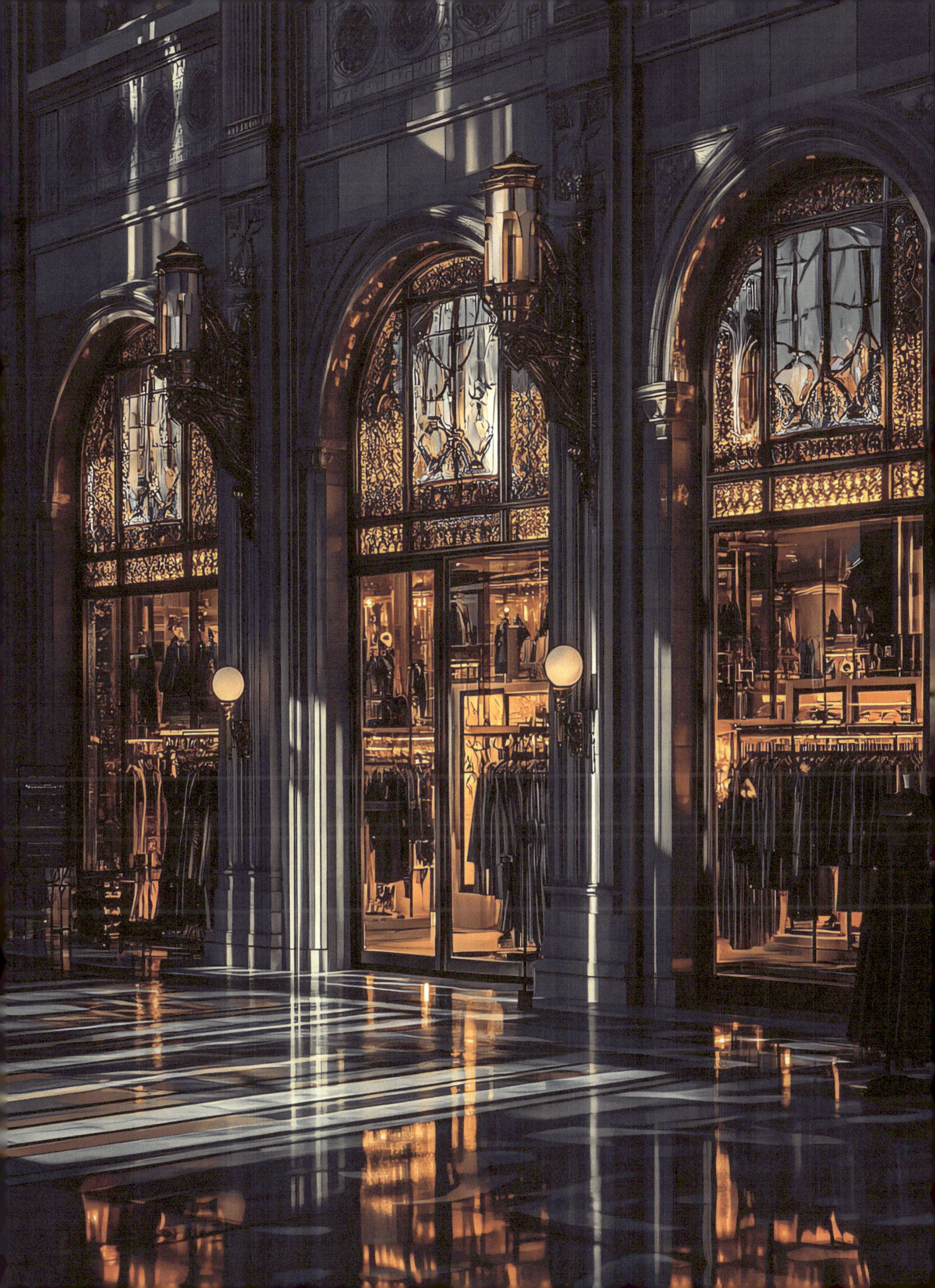

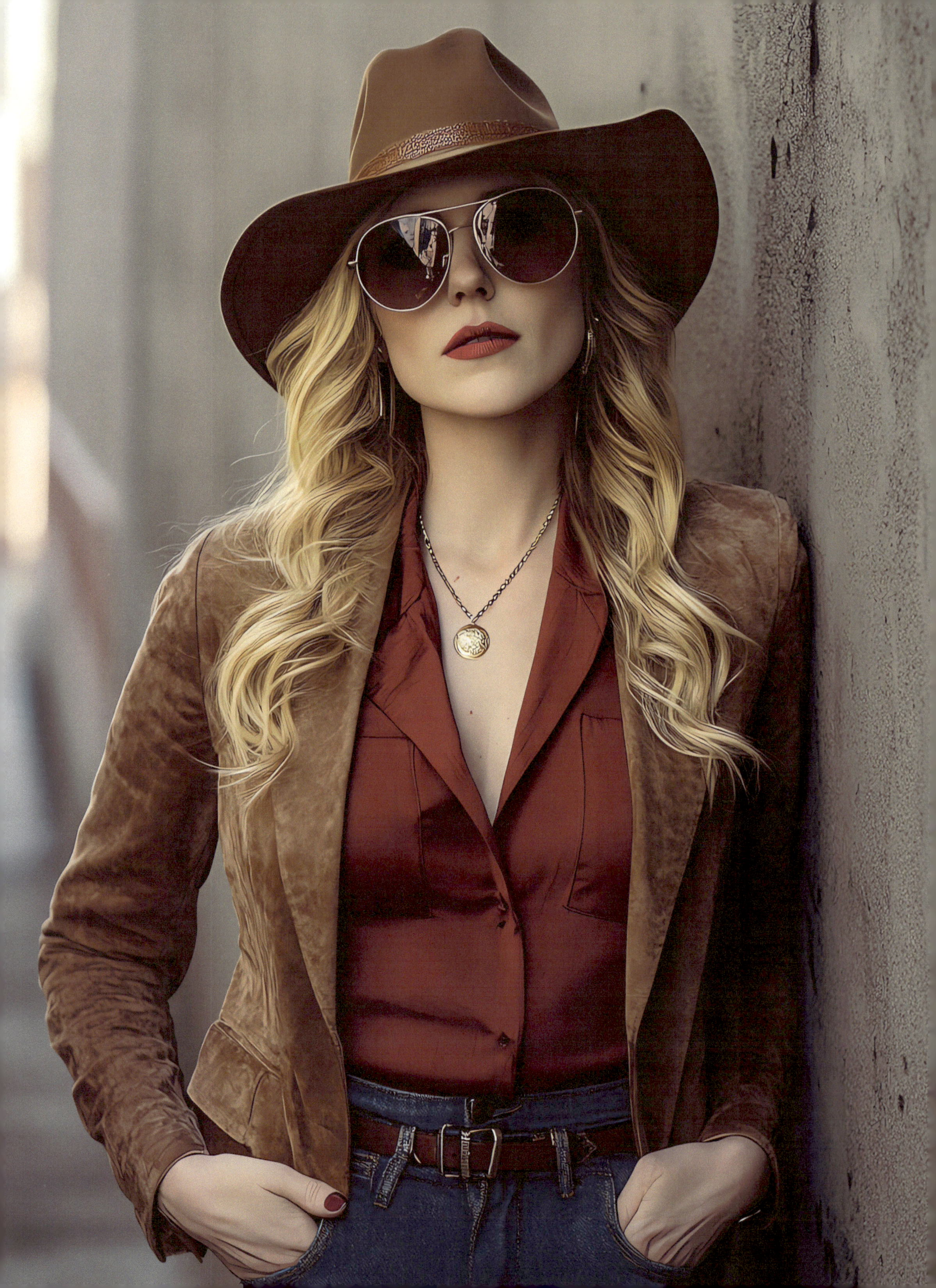